Charles DÉDÉYAN
Professeur à la Sorbonne

MONTESQUIEU
OU
L'ALIBI PERSAN

SEDES

88, boulevard Saint-Germain
PARIS Vᵉ

© 1988, C.D.U. et SEDES réunis
ISBN 2-7181-1884-9
ISBN 0249-3292

CHAPITRE I

MONTESQUIEU
AVANT LES *LETTRES PERSANES*

Charles de Secondat, baron de la Brède et de Montesquieu, appartient à une vieille famille provinciale ; son ascendance est protestante, son grand-père était président à mortier au Parlement de Guyenne. Son père, capitaine de chevau-légers, après avoir refusé d'entrer dans les ordres, participe à l'expédition de Hongrie sous Conti. Il naît au château de la Brède dans les environs de Bordeaux le 18 janvier 1689. A sept ans il perd sa mère. Il est élevé à la campagne avec deux cousins maternels, les Loyas, jusqu'à onze ans. C'est alors qu'on l'envoie chez les oratoriens à Juilly. Pourquoi ce choix ? C'est facile à comprendre. Les oratoriens, plus français que romains, favorables au jansénisme, ne peuvent que plaire à des parlementaires gallicans, et Montesquieu se méfiera pour la vie des jésuites. Montesquieu va rester au collège de 1700 au 14 septembre 1705. Cinq ans. Les pères sont spécialistes des langues anciennes. Nous ne savons rien de ses études sinon qu'il apprit fort bien l'italien. Le fameux cahier d'histoire est un cours dicté. Il compose au collège : une tragédie, *Britomare*, tirée d'un roman de son compatriote, La Calprenède [1].

En 1705, il est à Bordeaux, son oncle Jean-Baptiste de Secondat, baron de Montesquieu, président à mortier, est veuf et sans enfant. Il veut que son neveu lui succède dans son titre. Son père Jacques veut lui transmettre sa charge. D'où ses études de droit. Le 12 août 1708 il est licencié en droit, le 14 il est reçu avocat au Parlement de Bordeaux. Il est seigneur de Montesquieu, baron de la Brède. Il ne plaide pas. Il veut continuer de fortes études juridiques et pour cela revient à Paris de 1709 à 1713. En 1713, il revient à Bordeaux. Son père meurt le 15 novembre 1713. Le voilà chef de famille. Son frère cadet devient grâce à lui abbé de Nizors en Comminges et de Saint-André qui dépend de l'abbatiale de Bordeaux. De ses deux sœurs la favorite devient religieuse. Il doit défendre son patrimoine contre des voisins procéduriers. Il se marie avec la protestante Jeanne de Lartigue, fille d'un lieutenant-colonel, qui lui apporte 100 000 livres et une vertu sans tache. Il l'aime beaucoup. Il est en mars 1714 reçu conseiller au Parlement de Bordeaux. Deux ans après son oncle meurt. Il aura sa charge de président à mortier à condition qu'il

---

1. Voir Robert Shackleton, *Montesquieu*, a Critical Biography, Oxford, 1961, in-8°.

continue de porter son nom. Nous sommes en mai 1716. Il n'a pas quarante ans pour présider. La dispense ne viendra que le 3 juillet 1723. En attendant il siège. D'abord assidu aux devoirs de sa charge il subit peu à peu une désaffection. Il a d'autres ambitions bientôt, scientifiques. Dès avril 1716 il est reçu à l'Académie des Sciences de Bordeaux. Son discours de réception en 1716 est son premier ouvrage connu [2]. Il y parle en moderne. Il va communiquer des mémoires sur l'écho, la pesanteur, la transparence des corps. Quel hymne à la Science !

Il est intéressé par le gui, les grenouilles, les glandes rénales, il fait bénéficier — par précaution ? — l'apologétique religieuse de ces merveilles de la nature. Il fait aussi pour le régent un mémoire sur les dettes de l'Etat. Il écrit au régent : « Il serait à souhaiter que Votre Altesse Royale pût supprimer le dixième et la capitation. Elle sait combien ces impôts sont onéreux au peuple et injurieux à la noblesse. » Un autre mémoire vient pour son académie sur la politique des Romains dans la religion. Il est une gloire provinciale, favori bientôt des salons bordelais des élégantes Mme de Marans, Mme du Vergier, femme du procureur général, Mme du Plessis dont ses lettres parlent avec tendresse et mélancolie. Qu'il a l'air sérieux ! Timide, absent, embarrassé. N'a-t-il pas

2. Voir *Œuvres complètes*, éd. Roger Caillois, Pléiade, t. I.

8

annoncé en 1719 une solennelle *Histoire de la Terre ancienne et moderne* [3] ? Que de grâce, d'esprit et de profondeur dans ses recherches ! Ne nous y fions pas, elles vont changer de destination ! Ce savant Gascon n'est pas tellement absorbé par la science géologique. Il va donner en 1721 les *Lettres Persanes.*

3. *Ibid.,* t. I.

CHAPITRE II

L'ORIENTALISME
AVANT LES *LETTRES PERSANES*

Les *Lettres persanes* qui paraissent en 1721 doivent en grande partie leur succès au fait qu'elles étaient écrites soi-disant pour des Orientaux. L'orientalisme était-il donc une nouveauté à l'époque, et l'exotisme de l'Est venait-il pour la première fois flatter l'imagination française ? Ce serait une erreur de le croire. Au contraire, si leur caractère oriental entre pour beaucoup dans leur succès, il ne faut pas oublier que l'orientalisme existait déjà, et que Montesquieu est venu satisfaire un des goûts déclarés du public. Nous ne remonterons pas aux premiers rapports de François Ier et de Soliman le Magnifique. Mais rappelons que depuis ce moment des relations commerciales existent entre la France et l'Orient, que des missions de savants partent de chez nous pour rechercher des manuscrits anciens dans l'Empire Ottoman, que des voyageurs s'aventurent au-delà des frontières, en Perse et dans les Indes. Le fait même que nous entretenons depuis François Ier des relations diplomatiques avec la Porte permet des rapports d'ambassadeurs fort circonstanciés, et d'autre part les voyages de nos missionnaires dans le Proche, le Moyen et l'Extrême-Orient suscitent ces lettres édifiantes que les curieux et les historiens recherchent encore avec tant d'avidité. Il n'est pas besoin de nous rappeler quelle expansion donna Colbert au commerce avec le Levant, comment Louis XIV reçut des ambassades marocaines et persanes, et même une ambassade siamoise. Le *Journal* de l'abbé de Choisy[1], la *Description du royaume de Siam* de La Loulière[2], témoignent d'une curiosité de l'exotisme qui ne doit pas surprendre.

Mais ce qui nous intéresse plus particulièrement, c'est l'Orient musulman et c'est à celui-là que nous devons nous attacher en le suivant dans notre littérature. Nous retrouvons le Soudan ou Sultan jusque dans une rédaction de la légende gargantaine du XVIe siècle. Gargantua noie le Soudan et ses troupes dans sa bouche. Dès 1561, s'emparant d'un fait historique de 1561, Georges Bounyn va donner *La Sultane*. La tragédie irrégulière n'oublie pas le Levant et la tragédie régulière non plus. Dès 1635 Mairet fait représenter *Le Grand et dernier Soliman*, imprimé en 1639. Deux ans plus tard, en 1641, M\u1d49\u02e1\u02e1\u1d49 de Scudéry publie son *Ibrahim ou*

---

1. *Journal du Voyage de Siam fait en 1685 et 1686*, anonyme, Paris, 1687, 1 vol. in-4°.
2. Paris, 1691, 2 vol. in-12.

l'illustre Bassa[3]. Nous assistons aux aventures passionnantes et passionnées du grand vizir Ibrahim Pacha et d'Isabelle de Monaco. On pouvait prendre quelque liberté, décrire avec ravissement les mœurs du sérail, la cauteleuse ambition de la sanguinaire Roxelane, les caprices du terrible Soliman. On y mêlait l'histoire et la géographie à titre de prime et la couleur locale n'était pas mal rendue par une vieille fille qui n'avait jamais quitté la France et qui se confinait dans les salons. Mme de Lafayette fera beaucoup moins bien à ce point de vue dans *Zayde, histoire espagnole*[4] et, ajoutons-le, mauresque et levantine. L'intrigue chez Mlle de Scudéry ne donne aucune satisfaction au contraire de toutes les turqueries. Roxelane n'est pas la Roxane de *Bajazet*, et le roman est loin de valoir la tragédie de Racine.

Trois ans plus tard la philosophie fabuleuse de l'Orient va devenir plus précise grâce à la traduction en 1644 du *Livre de Calila et Dimna*, translaté de l'arabe en persan au XIIe et au XVe siècle sous le titre de *Lumières Canopiques*. Il est devenu « *Le Livre des Lumières ou la Conduite des Rois*, composé par le sage Pilpay, Indien, traduit en français, par David Sahib d'Ispahan, ville capitale de Perse ». Ce Persan, hâtons-nous de le dire, est un Français et

3. Paris, 1641, 4 vol. in-4°. Une tragédie en fut tirée en 1643.
4. Voir Charles Dédéyan, *Madame de Lafayette*, Paris, SEDES, 2e éd. 1962, in-8°.

David Sahib cache vraisemblablement l'orientaliste Gaulmin à qui nous devons ainsi la version française des quatre premiers livres des *Lumières Canopiques.* On sait tout ce que La Fontaine tirera de ce recueil pour les six derniers livres de fables, aidé peut-être par l'orientaliste Barthélemy d'Herbelot et à coup sûr par le recueil du père Poussines *Specimen Sapientiae Indorum Veterum,* publié à Rome en 1666. Nous aurons ainsi l'évocation d'un Orient de dervis et de princes tout puissants et après *Le Dragon à plusieurs têtes et le Dragon à plusieurs queues, Le Songe d'un Habitant du Mogol.* Mais on sait combien Molière donnera à l'orientalisme une couleur bouffonne et imprévue dans *Le Bourgeois gentilhomme* représenté le 14 octobre 1670. Et n'oublions pas que les turqueries du *Bourgeois gentilhomme* furent inspirées à Molière par un fait d'actualité. On avait vu arriver le 1er novembre 1669 à la cour de France Soliman Muta Feraca, envoyé de la Sublime Porte. Ledit Soliman, reçu en audience solennelle par Louis XIV à Saint-Germain, aurait paraît-il été d'une dédaigneuse indifférence pour les magnificences de la cour. Colbert et le roi auraient voulu se venger de son dédain et inspiré à Molière la cérémonie turque. C'est le chevalier Laurent d'Arvieux, familier de l'Orient, où il avait longtemps séjourné, qui servait d'interprète pour l'audience de Soliman. Il amusait du reste la cour par le récit de ses impressions turques. Or il prétend dans ses *Mémoires* [5] avoir collaboré avec Molière et Lulli pour la mise au point des turqueries. « Sa Majesté, écrit-il, m'ordonna de me joindre à MM. de Molière et de Lulli pour composer une pièce de théâtre où l'on pût faire entrer quelque chose des habillements et des manières des Turcs. Je me rendis pour cet effet au village d'Auteuil, où M. de Molière avait une maison fort jolie. Ce fut là que nous travaillâmes à cette pièce de théâtre que l'on voit dans les œuvres de Molière sous le titre de *Bourgois gentilhomme*, qui se fait Turc pour épouser la fille du Grand Seigneur. Je fus chargé de tout ce qui regardait les habillements et les manières des Turcs. La pièce achevée, on la présenta au Roi, qui l'agréa, et je demeurai huit jours chez Baraillon, maître tailleur, pour faire faire les habits et les turbans à la turque. Tout fut transporté à Chambord, et la pièce fut représentée dans le mois de septembre, avec un succès qui satisfit le Roi et toute la cour. » Tout le mérite de l'orientalisme fut dans la cérémonie et les costumes. La couleur psychologique n'y était guère ni la couleur linguistique, avec les « mamamouchis » et le « Defendere Palestina, Giourdina ». On dit que l'ambassadeur de la Porte fut convié à la représentation du *Bourgeois gentilhomme*, et, spectateur de la cérémonie turque, il n'émit que cette

---

5. *Mémoires*, publiés par Pierre Labat, Paris, 1735, 6 vol. in-12.

réflexion : au lieu de donner la bastonnade sur le dos de M. Jourdain, ce qui était contraire aux usages turcs, il fallait la lui donner sur la plante des pieds. Mais l'ambassadeur ayant quitté la France au mois de mai, l'anecdote paraît fausse. Quoi qu'il en soit l'intérêt du public fut réel.

L'on comprend que Racine dans ces conditions ait donné une pièce entièrement turque avec *Bajazet* en 1672. Et une pièce dont l'histoire est véritable. « Quoique le sujet de cette trajédie, écrit-il dans la première préface, ne soit encore dans aucune histoire imprimée, il est pourtant très véritable. C'est une aventure arrivée dans le sérail, il n'y a pas plus de trente ans. M. le Comte de Césy était alors ambassadeur à Constantinople. Il fut instruit de toutes les particularités de la mort de Bajazet ; et il y a quantité de personnes à la cour qui se souviennent de les lui avoir entendu conter lorsqu'il fut de retour en France. M. le Chevalier de Nantouillet est du nombre de ces personnes, et c'est à lui que je suis redevable de cette histoire, et même du dessein que j'ai pris d'en faire une tragédie. » Et ce qui est à noter, c'est le louable souci de Racine de respecter la couleur historique, morale et locale : « La principale chose à quoi je me suis attaché, ç'a été de ne rien changer ni aux mœurs ni aux coutumes de la nation ; et j'ai pris soin de ne rien avancer qui ne fût conforme à l'*Histoire des Turcs* et à la *Nouvelle Relation de l'empire ottoman*, que l'on a traduite de l'anglais » (il s'agit du livre de Ricaut traduit par Briot et paru chez Mabre-Cramoisy en 1670). A la documentation écrite, Racine ajoute la documentation orale réunie en interrogeant le successeur de Césy jusqu'en 1671 auprès de la Porte : « Surtout je dois beaucoup aux avis de M. de la Haye, qui a eu la bonté de m'éclairer sur toutes les difficultés qui je luis ai proposées » [6]. L'un des éditeurs de Racine, Despois, a trouvé un document de 1673 relatif au décor de la pièce : « Le Théâtre est un salon à la turque. Deux poignards. » Un point, c'est tout. Mais les personnages portaient l'*habit turc* si nous en croyons Segrais et Corneille. Emmanuel Lamé cité par Léo Claretie nous dit ce qu'est le Turc tragique. « Le Turc tragique sous Louis XIV indique sa qualité de Turc par un turban empanaché ou surmonté d'une corne, (Aucune allusion a des infortunes conjugales) comme celui que porte Zinime dans les *Noces de Cana*, par une grande ceinture et un sabre recourbé : toujours la perruque, la belle jambe tendue, les souliers à rosette, la cravate à nœud de satin, les manches à crevé, et toute la petite oie. Si le Turc est un homme tout à fait sérieux, comme Acomat..., il porte sur le costume ordinaire une ample pelisse qui fait queue par derrière. Les femmes aussi se mettaient sur la tête des turbans ou quelque coif-

6. Racine, *Œuvres : Théâtre*, Pléiade, *Bajazet, préface*.

fure extraordinaire qui indiquaient qu'elles étaient turques et non grecques ou romaines. »[7] Le succès fut éclatant et nous ne doutons pas que les « habits superbes » dont parle Robinet y entrent pour beaucoup. Ces Turcs étaient exactement représentés non seulement sur les prestigieux tableaux de Claude Lorrain, mais encore dans les gravures des livres. Songez par exemple que l'ouvrage de Ricaut lu par Racine présente des planches fort curieuses. Le poète a dû rêver sur le frontispice, un grand tableau à la porte du sérail, et sur cette scène d'étranglement que représente une vignette : les costumes des femmes du sérail, des esclaves, des soldats, des fonctionnaires comme ceux des vizirs sont reproduits avec netteté et précision.

Il faudra attendre Mlle Clairon pour que l'actrice représentant une sultane « s'habillât sans panier, les bras demi-nus, et dans la vérité du costume oriental ». Au lieu de cela que trouvons-nous dans les archives de l'Opéra : « Un pantalon bouffant, tombant jusqu'aux pieds, une longue tunique que font bouffer de petits paniers, long voile et turban à aigrette. » L'image du Turc et de l'Oriental revêt naturellement un aspect de férocité. Les rapports sont en effet très tendus avec la Turquie, où Mahomet IV règne. C'est un névrosé qui gouverne grâce à ses grands vizirs. Il n'a pu tuer ses

7. Racine, *Bajazet*, introduction et notes de Léo Claretie, Paris, 1887, in-12.

deux frères, comme il le projetait. En 1666-67
les négociations avec M. de La Haye échouent
et notre ambassadeur est traité brutalement.
De 1667 à 1669 La Feuillade et Navailles font
la guerre aux Turcs en Crète et à Candie. Notre
nouvel ambassadeur en 1671 est aussi très mal
accueilli. C'est M. de Nointel. C'est alors que
Leibniz vient à Paris et essaie de convaincre
Colbert d'entreprendre une croisade contre l'infidèle musulman. D'où en 1672 son *Epistola
ad regem Franciae de expeditione Aegyptica*[8].
Nous comprenons mieux ainsi la couleur de
Bajazet. On ne trouve pas, disions-nous, cette
couleur locale dans la *Zayde* de Mme de Lafayette, publiée en 1670. Cette histoire dite espagnole, ou plutôt cette série de cinq histoires,
celle de Consalve, celle d'Alphonse, celle de
Zayde, celle de Fatime et celle d'Alamir où se
succèdent naufrages, combats, reconnaissances,
est un tissu d'invraisemblances romanesques,
sinon psychologiques, mais les héros sont précieux et français, et non grecs, espagnols ou
musulmans comme on aurait pu l'espérer.

C'est après *Bajazet* surtout, sinon à cause de
Bajazet, que l'orientalisme va faire en France,
tant dans les mœurs que dans la littérature,
des progrès surprenants. Ils sont dus princi-
palement à deux voyageurs et à deux orientalistes, Tavernier, non le peintre mais un homo-

8. Elle fut traduite en anglais en 1803. L'expédition
d'Egypte de Bonaparte était toute récente.

nyme, Chardin, d'Herbelot et Galland. Jean-Baptiste Tavernier est un des plus intelligents voyageurs du XVIIe siècle ; né à Paris en 1605, il est le fils d'un marchand de cartes géographiques d'Anvers, protestant ardent, que les troubles des Pays-Bas ont forcé de se réfugier en France. Les cartes étalées dans la boutique de son père, les conversations qu'il y entendait étaient une perpétuelle invitation au voyage. Dès la première occasion, il partit. A vingt-deux ans il a presque fait le tour de l'Europe, il apprenait les langues avec facilité et les parlait sans interprète. Pendant quatre ans et demi il est page du vice-roi de Hongrie. Il est volontaire au siège de Prague, dans la guerre contre les Turcs en Allemagne et en Italie. Il était à Ratisbonne pour assister au couronnement de Ferdinand III, comme roi des Romains, en 1636, quand le fameux père Joseph lui demanda d'accompagner deux jeunes gentilshommes français se proposant de visiter l'Asie mineure [9]. On devine sa joie et son empressement à accepter cette offre. Mais à Constantinople, il prend la résolution d'aller en Perse, et laissant ses compagnons, il attend le départ d'une caravane pour gagner Ispahan ; après avoir satisfait sa curiosité, il eut l'idée ingénieuse d'acheter des laines, des étoffes, des pierres précieuses pour les revendre en France. L'opération fut

9. Depuis François Ier le nombre des voyageurs français en Asie mineure s'est accru.

merveilleuse. Il reprit le chemin de l'Orient, voulant aller aux Indes pour faire fortune par le négoce. Il acquit les connaissances nécessaires en bijouterie et joaillerie, reprit le chemin de la Perse, visita ce qu'on appelait alors le Moghol, sillonna les Indes et ramena encore des pierres qu'il revendit avec un énorme bénéfice. Il épousa une fille de joaillier par reconnaissance et nous le voyons en 1663 repartir pour un sixième voyage aux Indes, avec un neveu qu'il voulait initier aux affaires et présenter à ses correspondants comme son successeur. Il emporta une cargaison de meubles, de glaces, de bijoux, de quatre cent mille francs, et il en tira pour trois millions de pierres précieuses qui furent achetées par Louis XIV. C'était toute la féerie de l'Orient. En 1669 Louis XIV par surcroît lui donna des lettres de noblesse et Tavernier s'abandonna à son goût du faste et de la représentation. Il acheta la baronnie d'Aubonne en Suisse, eut un hôtel à Paris avec beaucoup de domestiques, mais son faste lui fit dépenser plus que son revenu. Il reprit le commerce et fit partir son neveu avec une pacotille dont la vente devait produire plus d'un million. Le neveu ingrat en profita pour s'établir à Ispahan. Tavernier, afin d'acquitter ses dettes, dut vendre son hôtel de Paris et la baronnie d'Aubonne que Duquesne acheta. Il fut emprisonné à la révocation de l'Edit de Nantes. Lui et sa femme s'établirent d'abord en Suisse puis à Berlin où l'électeur de Brandebourg le nomma directeur de la compagnie commerciale qu'il voulait établir dans les Indes. Il n'hésita pas malgré son âge à retourner en Orient. Il prit la route en 1685 selon les uns, en 1686 selon les autres, et notamment Lefèvre de Saint-Marc, et se dirigea vers le Moghol par la Russie, seule région de l'Europe qu'il ne connût pas encore. En descendant la Volga il tomba malade et mourut à Moscou soit en 1686, soit en juillet 1689, d'après la tradition ; mais il semble acquis aujourd'hui qu'il mourut à Copenhague. Il avait été un excellent observateur, avec une mémoire prodigieuse et un remarquable esprit d'initiative. Ses observations sur l'Orient furent consignées dans ses *Voyages en Turquie, en Perse et aux Indes*, parus en 1677-79 en trois volumes à Paris ; Chappuzeau avait rédigé les deux premiers, la Chapelle, secrétaire de M. de Lamoignon, le troisième. Ils s'étaient servis de ses récits et aussi des *Mémoires du père Raphaël*[10], capucin de la Mission d'Ispahan, et de Daniel Tavernier son frère. On trouvait, outre d'innombrables renseignements sur les mœurs, les habitants, la géographie des pays, leurs ressources, une description du sérail du Grand Seigneur, des observations sur le commerce des Indes et, entre autres pièces, un mémoire sur la conduite des Hollandais en Asie. Il y avait le portrait de

10. Ils ont paru dans la Bibliothèque de l'Ecole des Langues orientales.

Tavernier vêtu d'un riche caftan donné par le roi de Perse en 1665. On attribue à Boileau cette inscription :

En tous lieux sa vertu fut son plus sûr appui ;
Et bien qu'en nos climats de retour aujourd'hui.
    En foule à nos yeux il présente
Les plus rares trésors que le soleil enfante,
Il n'a rien rapporté de si rare que lui.

Ses voyages obtinrent un succès considérable, et furent réimprimés sept ou huit fois, traduits en anglais, en allemand et en hollandais. La meilleure édition est celle de Hollande de 1679 en trois volumes petit in-8° avec cartes et figures. On peut dire qu'il révéla vraiment le véritable Orient, et partant la Perse, à nos ancêtres. Se rappelant seulement que ses *Voyages* sont pleins de particularités sur les mines de diamants, le commerce des pierres précieuses, les monnaies d'Asie, Voltaire a porté sur l'homme un jugement injuste : « Tavernier, écrit-il, parle, plus en marchand qu'en philosophe, et il n'apprend guère qu'à connaître les grandes routes et les diamants. »

Jean Chardin, le second de nos voyageurs, est aussi un protestant. Fils d'un bijoutier protestant de la place Dauphine et bijoutier lui-même, il voit le jour le 26 novembre 1643. A moins de vingt-deux ans il est envoyé par son père aux Indes orientales pour le commerce des diamants. En traversant la Perse il se rend à Surate, et s'embarque à Bander-Abbâcy. Il n'y resta pas longtemps puisqu'il revient en Perse et pendant six ans séjourne à Ispahan où il est breveté marchand du roi de Perse. Mais il se livre moins au commerce qu'à des études utiles et profondes de la langue et des mœurs. Son titre de marchand du roi, obtenu six mois après son arrivée, le met en relations avec les grands de la cour et il en profite pour recueillir des renseignements précieux sur le système politique et militaire de la Perse. Il visita à deux reprises les ruines de Persépolis, et rassembla quantité de matériaux sur les antiquités et les monuments et l'histoire. En mai 1670 il revint en France, mais il se rendit compte « que la religion dans laquelle il avait été élevé l'éloignait de toutes sortes d'emplois, et qu'il fallait, ou en changer, ou renoncer à tout ce qu'on appelle honneur et avancements ». Il repartit pour la Perse le 17 août 1671 avec une grande quantité d'objets précieux. Il resta en Perse et aux Indes dix années, revint en Europe par mer, et visita le cap de Bonne-Espérance. On ne sait s'il passa par la France, mais il était à Londres le 14 avril 1681 et dix jours après son arrivée le roi Charles II le créait chevalier ; le même jour il épousait une Rouennaise protestante réfugiée en Angleterre. Il songea bientôt à la publication de son voyage. Il avait donné déjà en 1671 chez Barbin en in-8° *Le Couronnement de Soléiman III, roi de Perse*, « et ce qui s'est passé de plus mémorable dans les deux premières années de son règne ».

C'est chez Moses Pitt à Londres qu'il publie en 1686 en un in-folio orné de 18 gravures la première partie de son voyage, de Paris à Ispahan. Il fut alors nommé ministre plénipotentiaire du roi d'Angleterre auprès des Etats de Hollande et agent de la compagnie anglaise des Indes orientales auprès des mêmes Etats. C'est là qu'il fait paraître deux éditions de la relation de ses voyages en 1711, l'une en 3 volumes in-8°, l'autre en 10 volumes in-12, ornés de 78 planches, gravées d'après les dessins de Grelot, artiste et voyageur remarquable. Le libraire Delorme, précédemment emprisonné à la Bastille, lui demanda des suppressions pour des passages qui n'auraient pas plu au clergé catholique. Chardin s'exécuta et la première édition complète ne parut qu'en 1735 en 4 volumes in-4°. Bientôt après Chardin retournait à Londres où il mourut le 26 janvier 1713, à l'âge de soixante-neuf ans. Son dessein de donner une géographie persane d'après le *Nozbrat-El-Coloub* (Délices des cœurs) par Hamd-Ollah de Cazwyn n'avait pu être réalisé. Mais il laissait une réputation européenne et une œuvre d'après laquelle Montesquieu, Jean-Jacques, Gibbon, Helvétius et d'autres ont étudié le système politique et les mœurs de la Perse qu'ils prendront comme le type du pays à gouvernement despotique. Nous verrons bientôt tout ce que Montesquieu en a tiré dans les *Lettres Persanes*; même si l'académicien Charpentier a rédigé les *Voyages*, comme le déclare le *Car-*

penteriana [11], il est incontestable qu'il a su bien observer et bien présenter ses observations malgré un style lourd.

A côté de ces deux voyageurs, il y a deux orientalistes de profession. D'abord Barthélemi d'Herbelot, né en 1625, mort en 1695, qui poursuit l'étude du turc et du persan. Il va à Rome, voyage en Toscane. Il fait le catalogue de manuscrits de la Palatine. Il compose sa *Bibliothèque Orientale*, tirée de Hadgi Calfa, mort en 1656. Son érudition est immense. Il a la chaire de syriaque au Collège Royal. Il donne un dictionnaire arabe, persan, turc en 3 volumes in-folio. Il reste par sa *Bibliothèque Orientale* ou Dictionnaire universel, contenant généralement tout ce qui regarde la connaissance des peuples d'Orient [12].

Quant à Antoine Galland enfin, il couronne le mouvement orientaliste qui précède les *Lettres Persanes*. Né à Rollot près de Montdidier en Picardie le 4 avril 1646, il mourut à Paris le 17 février 1715. Septième enfant d'une famille pauvre, il avait quatre ans à la mort de son père, mais sa mère le fit entrer au collège de Noyon où il commença les langues anciennes et l'hébreu. Les bienfaiteurs qui lui payaient une bourse d'études moururent et il fut contraint de quitter le collège à treize ans pour se livrer au travail manuel, pendant un an ; mais il veut

11. *Op. cit.*, p. 37.
12. Paris, 1697, in-folio.

poursuivre ses études, part pour Paris et par des recommandations entre au collège du Plessis. Il suit les cours de langues orientales du Collège Royal et il peut accompagner M. de Nointel lors de son ambassade à Constantinople. Là il poursuit ses travaux sur les langues orientales, apprend le grec moderne et recherche les monnaies grecques. Ainsi il peut revenir en France après un voyage aux Echelles du Levant où il suit M. de Nointel, avec une précieuse collection qui prend place au Cabinet des Médailles. En 1679 Colbert l'envoie chercher en Orient des manuscrits et des objets antiques. Il profite de ce second voyage pour compléter ses connaissances et dès son retour d'Herbelot se l'adjoint pour la révision et l'impression de sa *Bibliothèque Orientale*. Il est admis en 1701 à l'Académie des Inscriptions pour laquelle il commence un dictionnaire de numismatique resté manuscrit. Il avait publié auparavant les *Paroles remarquables, bons mots et maximes des Orientaux* [13], *De l'Origine et du progrès du Café* [14]. C'est de 1704 à 1717 que paraissent ces contes qui fondent sa réputation à travers l'Europe : *Les Mille et une nuits*, « contes arabes, traduits en français ». Il est le premier à les faire connaître ; sa traduction n'est pas littérale, mais il suit de près le récit, et il adapte au goût français la phraséologie

13. Paris, 1694, in-12.
14. Caen, 1699, in-12.

native et brutale que nous connaissons à présent par la traduction moins exacte du docteur Madrus. Le succès fut très vif, et répété. C'est de leur manière que s'inspirent parfois les *Lettres Persanes* et nous apprîmes à connaître l'empereur Chechriar, le vizir et ses deux filles Cheherzad et Dinarzad. On sait que dans les deux premiers volumes, l'exode est toujours : « Ma chère sœur, si vous ne dormez pas, faites-nous un de ces contes, que vous savez. » Il paraît que des jeunes gens ennuyés de cette formule monotone allèrent, une nuit qu'il faisait très froid, frapper à la porte de Galland qui courut en chemise à la fenêtre. Après l'avoir fait morfondre un temps par diverses questions sans importance, ils finirent par ces mots : « Ah ! Monsieur Galland, si vous ne dormez pas, faites-nous un de ces beaux contes que vous savez si bien. » Galland semble-t-il profita de la leçon et supprima, dans les volumes suivants, le préambule malencontreux. On publia après sa mort sa *Relation de la mort du sultan Otsman et du couronnement du sultan Mustapha*, traduite du turc, ses *Contes et fables indiennes de Bidpai et de Lokman* traduits d'après la version turque en 1724 [15]. Il a laissé un manuscrit et on trouve encore à la Nationale : outre son *Dictionnaire de Numismatique*, une *Description particulière* de Constantinople, un catalogue raisonné des *Empereurs turcs*,

15. Paris, 1724, 2 vol. in-12.

27

arabes et persans, une *Histoire générale des empereurs turcs* et une traduction du *Coran*.

Ainsi à la période des orientalistes amateurs, Scudéry, Mme de Lafayette, Molière et Racine, ou La Fontaine, succédait celle des voyageurs et des spécialistes dont allait largement profiter Montesquieu.

CHAPITRE III

LA PUBLICATION
DES *LETTRES PERSANES*
ET L'ACCUEIL DU PUBLIC

Nous avons laissé Montesquieu au moment où il annonçait une *Histoire de la terre ancienne et moderne ;* en réalité, l'historien et le géologue se révéla romancier, et d'une façon assez inattendue comme nous allons le voir. Il devait préparer cette œuvre qui consacra sa réputation depuis assez longtemps ; si sa vie officielle ne garde point trace de ces lettres, c'est qu'elles sont sa revanche sur ce monde de traditions et de conventions dans lequel il est obligé de vivre. Selon Elie Carcassonne [1] pourtant, c'est alors qu'il a dû composer les parties les plus graves de son œuvre. Mais nous n'avons aucun indice nous permettant de dater chaque lettre avec précision. Ses intimes sont au courant de son entreprise, et c'est encouragé par eux que Montesquieu songe à livrer ces pages au public. Les publier en France même et sous son nom, il n'y faut pas songer. Cela pourrait lui coûter cher et il vaut mieux prendre un autre moyen. Un pays offre la possibilité d'imprimer en toute

1. **Edition des** *Lettres Persanes,* **Paris, Belles-Lettres, 1929,** **2 vol. in-8°.**

sécurité, c'est la Hollande. Vite l'abbé Duval, secrétaire du président, y porte le manuscrit et le fait imprimer secrètement. On ne prend jamais assez de précautions et le rusé Gascon en emploie une supplémentaire. Les deux volumes de cette première édition, in-12, portent, avec le millésime de 1721, le nom et l'adresse de Pierre Marteau à Cologne. On pourra toujours y chercher Pierre Marteau, il n'existe pas. Mais à rusé, rusé et demi, grâce au témoignage de l'abbé de Guasco, le grand éditeur de Montesquieu, Barckhausen, a reconnu la mise en page, le papier et les caractères de l'imprimeur Jacques Desbordes, d'Amsterdam. Il n'y a eu qu'à faire le rapprochement avec l'originale des *Considérations sur la grandeur des Romains*, sortie du même atelier. Sans doute une dizaine d'éditions ou de tirages des *Lettres Persanes* portent la même date que l'édition princeps. Mais l'antériorité et la priorité de cette édition sont confirmées par les cartons qu'elle renferme et que reproduisent les éditions postérieures. L'œuvre ne comportait pas de nom d'auteur ; elle était divisée en deux volumes in-12, le premier de 311 pages cotées avec au frontispice un monogramme, le second de 347 pages avec pour fleuron deux enfants ailés, anges ou amours. Le titre était en rouge et noir et l'ensemble donnait 150 lettres : on a signalé une édition de Rouen venant de la bibliothèque de Montesquieu. Qu'importe ? Les dix éditions qui suivent démontrent le succès presque foudroyant de l'œuvre. On y relève peu de changements notables, sauf dans ce qui s'appelle « seconde Edition, revue, corrigée, diminuée et augmentée par l'auteur ». Elle est soi-disant publiée chez Pierre Marteau à Cologne. Elle comporte trois lettres nouvelles, mais au lieu de 150, elle n'en a plus que 140. Treize lettres anciennes ont été retranchées, et les 137 lettres conservées ont subi de multiples modifications. On s'est demandé si c'est à cette édition que pense Montesquieu quand il écrit à M. de Caupos en 1721 : « On me mande de Hollande que la deuxième édition des L.P. va paraître avec quelques corrections. » Cette seconde édition serait donc bien de 1721. Mais Vian, dans un travail ancien publié en 1869 et intitulé *Montesquieu, sa Réception à l'Académie française et la deuxième Edition des Lettres persanes*, conteste cette date. Au contraire pour lui, cette édition est de 1727. C'est Voltaire qui est à l'origine de ces faits.

Montesquieu écrit dans la préface de l'édition de 1727 :

« J'ai détaché ces premières lettres, pour essayer le goût du public ; j'en ai un grand nombre d'autres dans mon portefeuille, que je pourrai lui donner dans la suite. » (Il n'y en aura que onze !) [2]

---

2. Voir Roger Caillois, *Œuvres complètes* de Montesquieu, Pléiade. Nous avons en tout 161 lettres. L. Versini dans son édition publie les fragments abandonnés, pp. 419-434. Ils reprennent les mêmes thèmes.

Voilà comment Montesquieu, candidat à l'Académie française, ce voyant desservi auprès du
cardinal Fleury à qui on l'avait représenté
comme impie et qui s'opposait à son élection,
aurait présenté au ministre une édition composée en moins d'un mois, antidatée et expur-
gée pour ne pas scandaliser l'homme d'Eglise.
Ce serait prendre l'évêque de Fréjus pour un
sot, ce qui n'était sûrement pas. « Qui admettra
que Montesquieu, écrit Barckhausen, ait pu,
de Paris, faire réimprimer à Amsterdam, en
une vingtaine de jours, deux volumes où l'on
relève, en dehors des changements de texte,
des modification d'ordre purement typographi-
que ? Pressé par le temps, on ne se serait guère
amusé, par exemple, à mettre entre guillemets
les citations plus ou moins fictives d'Usbeck,
de Rhedi et de Rica. » Et ce serait d'ailleurs
une curieuse façon de calmer les scrupules
d'un cardinal que de laisser dans la lettre 103
la prédiction « qu'il n'est pas possible que la
Religion catholique subsiste en Europe cinq
cents ans », ou encore en retranchant la raillerie de Rica sur la Trinité de laisser dans la
lettre 22 les attaques du même contre l'Eucha-
ristie. Drôle de manière de se concilier l'Eglise
catholique. En réalité on croirait volontiers
avec Barckhausen que cette soi-disant seconde
édition est destinée au public prude des hugue-
nots français réfugiés dans les Pays-Bas. Car
cette édition est composée avec des caractères
et sur du papier semblables à ceux de l'origi-

nale. Elle sera republiée deux fois par Jacques Desbordes précisément comme « Troisième édition ». On ne sait comment, mais l'imprimeur s'était procuré de bonne source les lettres ajoutées, puisqu'on les retrouve dans les rééditions posthumes faites d'après les papiers de la Brède.

Entre-temps les éditions se multiplient, on ne saurait les compter exactement. En tout cas, de 1732 à 1753, les imprimeurs semblent se conformer à l'édition princeps. Les variantes introduites y sont sans intérêt. Il faut attendre 1754 pour voir paraître encore soi-disant « à Cologne, chez Pierre Marteau, imprimeur libraire, près le Collège des Jésuites », une édition très importante, par suite du supplément de 28 pages qu'elle renferme. Il semble bien que c'est d'elle qu'il est question dans la lettre du 4 octobre 1752 de Montesquieu à l'abbé de Guasco : « Huart veut faire une nouvelle édition des *Lettres persanes* ; mais il y a quelques *juvenilia* que je voudrais auparavant retoucher. » Nous trouvons dans cette édition d'abord les 150 lettres de l'édition princeps, avec de très légères modifications. Mais dans le *supplément* on nous indique des changements plus importants à apporter aux lettres 87, 92, 109 et 117. C'est cet appendice de plus qui contient « Quelques Réflexions sur les Lettres persanes » et onze lettres dont trois avaient été imprimées déjà dans la seconde édition et huit étaient inédites. Parmi ces huit notons la lettre 77 des éditions courantes où le suicide est condamné. Nous ne la trouvons pas dans les *Cahiers de corrections* des *Lettres Persanes* rédigées par Montesquieu en 1754. Ce n'est donc qu'à ce moment que fut composé le *supplément*. Après la mort de Montesquieu, il se trouva fondu dans le corps des *Lettres* quand le fils du président confia la publication des *Œuvres de M. de Montesquieu* à l'avocat Richer.

Telle est l'histoire sommaire de la publication des éditions des *Lettres Persanes* ; et maintenant, revenons en arrière, c'est-à-dire à 1721. Montesquieu comme on le pense se garda bien au début de s'avouer l'auteur des *Lettres* : « Cet ouvrage, lisons-nous dans ses *Pensées et Fragments inédits*, fut abandonné par son auteur dès sa naissance »[3]. Mais en même temps il indiquait l'édition à laquelle il fallait se fier : « De toutes les éditions de ce livre, il n'y a que la première qui soit bonne : elle n'a point éprouvé la témérité des libraires. » Et de fait Montesquieu est tout occupé de ses *Voyages*, des *Considérations sur la grandeur des Romains* et de *L'Esprit des Lois*. L'abbé de Guasco publiant ses *Lettres familières* nous rapporte qu'un ami de Montesquieu, le père Desmolets, lui dit après avoir lu le manuscrit de notre œuvre : « Président, cela sera vendu comme du pain. » Il ne pouvait être meilleur prophète, puisque

---

3. *Œuvres complètes*, Pléiade, t. I.

près de trente éditions se succèdent jusqu'à la mort de Montesquieu[4].

La contagion et l'engouement gagnèrent les pays étrangers. La quatrième édition de la traduction anglaise de Floyd paraîtra en 1762 ; Montesquieu prétendit d'ailleurs avoir donné naissance au roman par lettres de Richardson. Le public des protestants de Hollande se trouve ravi par l'esprit philosophique des voyageurs persans à en juger par la seconde partie du tome XI du *Journal littéraire* de La Haye qui donne de larges extraits[5] et par la seconde partie du tome XII qui n'oublie pas le passage sur les deux magiciens, pages 280-304. Bien mieux et détail cocasse, à en croire une lettre de Jacob Vernet à Montesquieu du 15 juin 1750, une commission de Genève instituée pour réviser les traductions de la Bible, et désireuse de savoir s'il fallait y conserver le tutoiement, entendit citer gravement en faveur de l'affirmative l'exemple probant de *L'Espion Turc* et des *Lettres Persanes*, modèles du style oriental.

Naturellement en France le succès fut important et dû tout aussi bien à l'actualité qu'à la variété du livre. Le témoignage de Montesquieu lui-même est assez curieux à cet égard : « Lorsque cet ouvrage parut, remarque-t-il dans ses *Pensées et fragments*, on ne le regarda pas

4. Voir Catalogue de la Bibliothèque Nationale.
5. Pages 446-464.

comme un ouvrage sérieux. Il ne l'était pas.
Tout lecteur se rendit témoignage à lui-même.
Il ne se souvint que de sa gaieté. » Et dans ses
Quelques Réflexions sur les Lettres Persanes,
il précise : « Rien n'a plu davantage, dans les
Lettres persanes, que d'y trouver, sans y penser, une espèce de roman. On en voit le commencement, le progrès, la fin. Les divers personnages sont placés dans une chaîne qui les
lie. » Est-ce une gasconnade quand il poursuit : « Les *Lettres persanes* eurent d'abord un
débit si prodigieux que les libraires mirent
tout en usage pour en avoir des suites. Ils
alloient tirer par la manche tous ceux qu'ils
rencontraient : " Monsieur, disoient-ils, je vous
prie, faites-moi des *Lettres persanes*. " » Montesquieu vieilli a un peu exagéré la frivolité des
Lettres et de leurs lecteurs. D'ailleurs ne se
contredit-il pas précisément lui-même quand il
ajoute : « Il y a quelques traits que bien des
gens ont trouvés trop hardis ; mais ils sont
priés de faire attention à la nature de cet ouvrage. »

En tout cas Voltaire reconnaît dans sa lettre
à Vauvenargues du 15 avril 1743 que « la France
fut d'abord ivre des *Lettres Persanes* » [6]. Si
Berthelot de Jouy écrivait au président le
21 juillet 1724 que nulle part on ne rencontre
plus d'esprit et plus d'agrément », par contre
Mme de Lambert déclare à Murville le 5 août

---

6. *Correspondance générale*, éd. Besterman, Pléiade.

1726 qu'elle n'a jamais lu de lettres « si fines, si profondément pensées ».

Le livre fut interdit officiellement, mais ce n'était pas bien grave. En fait l'opposition vint des éléments sérieux ou trop conservateurs, comme on s'en doute. Il y avait une victime dont il avait nié la clairvoyance ; cette dame déjà mûre qui s'appelle l'Académie française. Montesquieu faisait dire froidement à Rica dans la lettre 73 : « J'ai oui parler d'une espèce de tribunal qu'on appelle *l'Académie française.* Il n'y en a point de moins respecté dans le monde : car on dit qu'aussi-tôt qu'il a décidé le Peuple casse ses arrêts et lui impose des loix qu'il est obligé de suivre. » Et il continue dans la même lettre en parlant de son dictionnaire, presque vieux et étouffé en naissant, de ses quarante têtes, qui parlent et ne voient pas, de son avidité, de son caractère bizarre. L'auguste compagnie prit fort mal la chose, elle ne voulut pas le démentir, lui qui avait nié sa clairvoyance en lui accordant un fauteuil, mais le scrupuleux Fleury arrêta cette vengeance au fond très spirituelle. Montesquieu n'eut qu'à faire un désaveu diplomatique et à subir les coups d'épingle de l'abbé Mallet qui le reçut. Pourtant les grincheux Immortels tinrent ferme : D'Olivet dans sa lettre à Bouhier du 20 décembre 1727 en veut aux Quarante « qui ont trouvé plus doux d'exposer l'honneur de la Compagnie, que de consentir à la flétrissure de ce fou ». D'Argenson, clairvoyant, redoute les effets de la mollesse de Fleury dans ses *Loisirs d'un Ministre* : « Les *Lettres Persanes,* poursuit-il, renferment des traits d'un genre qu'un homme d'esprit peut aisément concevoir, mais qu'un homme sage ne doit jamais se permettre de faire imprimer. Ce sont cependant ceux-là qui ont vraiment fait la fortune du livre et la gloire de l'auteur » [7].

Mais arrêtons-nous au jugement d'un homme qui fréquente les mêmes salons que Montesquieu et qui est d'ailleurs son ami : Marivaux.

---

7. Montesquieu a donc été élu à l'Académie française. La marquise de Lambert l'a fait seul candidat. D'Olivet a parlé au président Bouhier de l'intervention de Fleury. Le 11 décembre a lieu l'élection. Mais voici l'obstacle, tel qu'il est rapporté par d'Olivet dans sa lettre du 11 décembre 1727 : « Aujourd'hui, jour indiqué pour l'élection, nous avons appris que les *Lettres Persanes* déplaisoient à M. le Cardinal Ministre, que S.E. s'en était expliquée, et que si nous nommions le Gascon, le Roi vrai-semblablement refuseroit son agrément. Ce n'est pas que M. le Cardinal en ait écrit, ou fait parler directement à la Compagnie. Mais hier dans les appartements, et devant trois ou quatre personnes il dit en propres termes à M. l'Abbé Bignon : le choix que l'Académie veut faire, sera désapprouvé de tous les honnêtes gens... Voilà un étrange chagrin pour le Président, et pour sa faction. » Mais l'exclusive prononcée le 10 décembre est levée en moins d'une semaine. La lettre du 20 décembre l'atteste : « Enfin, Monsieur, l'élection s'est faite aujourd'hui (1er tour de scrutin, second 5 janvier). Le Président l'a emporté. Depuis ce que je vous ai mandé, il étoit allé voir M. le Cardinal. Ce qui s'est dit entre eux est lettre close jusqu'à présent. Mais le Cardinal, dès mardi, écrivit au maréchal d'Estrées, Directeur, qu'après les éclaircissements que le Président lui avait donnez, il n'empêchoit point l'Académie d'élire qui bon lui semblerait. » Comment entre le 10 et 16 décembre faire une nouvelle édition du livre incriminé ? De bonnes paroles suffirent.

Dans la 8ᵉ feuille de 1728 de son *Spectateur français* [8] qu'il édite à l'instar de celui d'Addison, il n'a pas manqué de reprocher à Montesquieu — avec certes des ménagements — ce penchant aux plaisanteries faciles qui ne tiennent compte ni du goût ni de la prudence. « Avant que de finir cette feuille, je ne puis m'empêcher de dire un mot d'un livre que je lisais ce matin, et qui est intitulé les *Lettres Persanes*, dont je n'ai encore lu que quelques-unes ; et par celles-là, je juge que l'auteur est un homme de *beaucoup d'esprit* ; mais entre les sujets hardis qu'il se choisit et sur lesquels il me paraît le plus briller, le sujet qui réussit le mieux à l'ingénieuse vivacité de ses idées, c'est celui de la Religion et des choses qui ont rapport à elle. » — On sait combien Marivaux est honnêtement pratiquant, en s'attaquant, du reste, aux directeurs de conscience, à la bigoterie et à la fausse dévotion. « Je voudrais qu'un esprit aussi fin que le sien eût senti qu'il n'y a pas un si grand mérite à donner du *joli* et du *neuf* sur de pareilles matières, et que tout homme, qui les traite avec quelque liberté, peut se montrer spirituel à peu de frais. » Ce qu'il dit peut être excellent : « car enfin dans tout cela je ne vois qu'un homme d'esprit qui badine ; mais qui ne songe pas assez, qu'en se jouant, il engage quelquefois un peu trop la gravité respectable de ces matières : il faut

8. Paris, 2 vol. in-4°.

là-dessus ménager l'esprit de l'homme qui tient faiblement à ses devoirs, et ne les croit presque plus nécessaires, dès qu'on les lui présente d'une façon peu sérieuse. » Et de citer pour exemple la lettre qui « blâme les lois de l'Europe, contre ceux qui se tuent eux-mêmes ». On peut cependant parler d'un succès de scandale. Les idées de Montesquieu étaient déjà dans l'air et la Palatine ne croyait pas pouvoir compter dans le monde parisien cent chrétiens sincères. Chose curieuse, l'Eglise ne réagit pas immédiatement, ne sentant pas encore le péril philosophique, et il faut attendre 1751 pour voir l'abbé Gaultier, un janséniste, attaquer l'irréligion des *Lettres Persanes*. Jusque-là on s'en était pris surtout à *L'Esprit des Lois*.

Mais qu'en pensent les philosophes eux-mêmes ? Un Voltaire, un d'Alembert, un Helvétius, un Rousseau ? Voltaire est étonné, dans l'article *Contradictions* de son *Dictionnaire Philosophique*, qu'on ait laissé passer « ce livre léger, ingénieux et hardi, dans lequel il y a une lettre tout entière en faveur du suicide ; une autre où l'on trouve ces propres mots : " si l'on suppose une religion " [9], une autre où il est dit expressément que les évêques n'ont " d'autres fonctions que de dispenser d'accomplir la loi " ; une autre enfin où il est dit que le pape est un magicien qui fait accroire que trois ne sont qu'un, que le pain qu'on mange n'est pas du

9. *Œuvres*, éd. de Kehl.

pain », etc. On trouve la même remarque dans
la lettre à Cideville du 26 juillet 1733 [10]. En
passant en revue les écrivains français du siècle
de Louis XIV et arrivant à Montesquieu, il
montrait en quoi cet « ouvrage de plaisanterie » est plein de traits qui annoncent un esprit
plus solide que son livre. C'est une imitation
qui fait voir comment ces originaux devaient
être décrits. Dans les *Mélanges littéraires,* à propos des lettres familières, il fait des réserves
sur le fond tout en célébrant la forme : après
avoir parlé de *l'Espion Turc,* des *Lettres juives,
chinoises, cabalistiques,* qui sont méprisés des
honnêtes gens, il ajoute : « Il faut excepter les
Lettres persanes : elles sont à la vérité une imitation de *l'Espion Turc,* mais leur style les distingue fort de leur original. Il est nerveux,
hardi, singulier, sentencieux ; et il ne manque
à cet ouvrage qu'un sujet plus solide. »
  Voltaire peut poursuivre : « Le génie qui
règne dans les *Lettres Persanes* ouvrit au président de Montesquieu les portes de l'Académie
française, quoique l'Académie fût maltraitée
dans son livre : mais en même temps la liberté
avec laquelle il parle du gouvernement, et des
abus de la religion, lui attira une exclusion de
la part du cardinal de Fleury. Il prit un tour
très adroit pour mettre le ministre dans ses
intérêts, il fit faire en peu de jours une nouvelle édition de son livre, dans laquelle on re-

10. *Correspondance,* éd. Besterman.

trancha et on adoucit tout ce qui pouvait être condamné par un cardinal et par un ministre. M. de Montesquieu porta lui-même l'ouvrage au cardinal qui ne lisait guère, et qui en lut une partie. Cet air de confiance, soutenu par l'empressement de quelques personnes de crédit, ramena le cardinal, et Montesquieu entra dans l'Académie. »

D'Alembert, lui, dans son *Eloge de M. de Montesquieu* [11] nous invite à ne pas confondre « le fonds du Christianisme » avec les déviations critiquées par les *Lettres Persanes*. Au contraire pour lui « ses réflexions appréciées avec justice, sont en effet très favorables à la révélation, puisqu'il se borne à montrer combien la raison humaine abandonnée à elle-même est peu éclairée sur cet objet ». Par contre Helvétius, un autre de ses amis, trouve qu'on ne va jamais assez loin pour se débarrasser des préjugés, et il en voudra à Montesquieu d'avoir cherché des compromis, et de démériter sur ce point des *Lettres Persanes* dans *l'Esprit des Lois*.

Rousseau trouve que la lecture des *Lettres Persanes* est utile à tout jeune homme qui commence à écrire et il la conseille à M. Moulton dans sa lettre du 25 novembre 1762 : « Simplifiez votre style, surtout dans les endroits où les choses ont de la chaleur. J'ai une lecture à vous

11. *Op. cit.*, dans *Eloges lus dans les séances de l'Académie Française*, Paris, 12 vol. in-6, 1779-1787.

conseiller avant que de revoir pour la dernière fois votre écrit, c'est celle des *Lettres Persanes*. Cette lecture est excellente à tout jeune homme qui écrit pour la première fois. Vous y trouverez pourtant quelques fautes de langue. En voici une dans la quarante-deuxième lettre : " Tel que l'on devrait mépriser parce qu'il est un sot, ne l'est souvent que parce qu'il est un homme de robe " [12]. La faute est de prendre pour le participe passif *méprisé*, qui n'est pas dans la phrase l'infinitf *mépriser*, qui y est. »

N'oublions pas d'autre part le rayonnement européen des *Lettres Persanes*. Ce sont elles qui opèrent la conversion philosophique du grand Beccaria, l'auteur italien du *Traité des Délits et des peines*. En Angleterre où elles atteignent dans la version anglaise quatre éditions en 1762, elles ont eu dès 1735 une imitation mémorable. Celle de lord Lyttelton qui fait paraître en 1735 ses *Letters from a Persian in England to his friend at Ispahan*. Elles atteignent cinq éditions en 1744. Le deuxième volume paraît en 1736 et s'appelle carrément *Persian Letters*. O ironie, l'ouvrage est traduit en français en 1736 et 1770 [13]. On attribue à Frédéric II une *Relation de Phihihu*, « émissaire de l'empereur de la Chine en France », parue en 1760. En Espagne nous voyons en 1793 le colo-

---

12. *Correspondance générale*, éd. Dufour.
13. Il ne faut pas s'en étonner puisque les traductions sont des adaptations qui se conforment à l'esprit du temps et aux lecteurs à qui elles sont destinées.

nel Don José Cadalso faire paraître ses *Cartas Marruecas* ou *Lettres Marocaines* qui dérivent de l'œuvre de Montesquieu. Mais que dire de la production massive, de la véritable invasion de lettres de toutes sortes que nous voyons en France. On n'est pas sûr que le titre de *Lettres Anglaises* donné par Voltaire au recueil des *Lettres philosophiques* inspirées par son exil outre-Manche en 1726-29 n'ait pas été suggéré par Montesquieu. Le même Voltaire donnera du reste en 1769 *Les Lettres d'Amabed* qui marquent l'influence du président, mais qui n'ajoutent rien à sa gloire. Il faut ne pas oublier *l'Ingénu*. Des imitateurs moins illustres sont légion. Témoin Saint-Foix et ses *Lettres d'une Turque à Paris*, qu'il publie en 1730 et dont une deuxième édition augmentée voit le jour en 1750. Témoin *Les Lettres Chinoises* que le marquis d'Argens écrit bien lourdement en 1735, tandis que Joubert de la Rue suit en 1738 avec ses *Lettres d'un sauvage dépaysé*. Voici en 1741 *L'Espion Turc à Francfort*, en 1745 *L'Espion Chinois en Europe*. Puis ce sont les *Mémoires turcs* par Godard d'Aucourt en 1743, les *Lettres d'une Péruvienne* de Mme de Graffigny en 1747 suivies en 1748 par *Les Lettres d'Aza*, ou *d'un Péruvien* de Hugary de Lamarche-Cournont, qui fait la satire des mœurs espagnoles. Les *Lettres Siamoises* de Landon imprimées en 1751 ont assez bon accueil pour être réimprimées en 1761. Sur ce, Maubert de Gouvest se croit autorisé à donner des *Lettres Iro-*

quoises qui deviennent en 1769 *Les Lettres Ché-rakésiennes*. Le chevalier d'Arcq ne nous fait pas grâce en 1753 des *Lettres d'Osman*, et nous avons aussi à connaître en 1766 les *Lettres d'Assi à Zurac*, enfin en 1788 celles *d'un Indien à Paris*. Nous en passons et des meilleures. Le flot des lettres exotiques est si grand, la mode de faire parler des étrangers si persistante que la *Correspondance littéraire* de Grimm et Diderot écrit en mai 1761 à propos des *Lettres siamoises* de Landon : « Depuis les *Lettres persanes* de l'immortel président de Montesquieu, il n'y a point de nation en Asie ni en Amérique dont nous n'ayons fait voyager quelques individus en France pour leur faire tracer un tableau de nos mœurs. Ainsi, le seigneur siamois ou mexicain est ordinairement un pauvre diable qui, relégué dans un quatrième, a besoin de quelques écus pour ne pas mourir de faim. Dans le choix je vous conseille de faire l'aumône au Seigneur siamois, sans vous exposer à lire le recueil de ses platitudes » [14].

Ainsi notre riche président a à ses trousses une troupe de pauvres hères qui ramassent ses miettes, un philosophe et un roi philosophe illustres qui ne craignent pas de le prendre pour modèle. Belle descendance spirituelle en vérité, bigarrée, variée, de valeur très inégale, souvent médiocre. C'est bien la rançon de la

14. *Op. cit.*, édition Maurice Tourneux, Paris, Garnier Frères, 1878, t. IV, p. 399. Des *Mémoires turcs* paraîtront encore en 1796.

gloire que d'être ainsi pillé ou copié sans ver-
gogne. Cette mode de l'orientalisme qu'il pratique et qu'il crée, il en fait une mode exotique
et cosmopolite. Par là les *Lettres Persanes*
prennent une valeur universelle, et nous verrons en les étudiant plus à fond que ce n'est
pas une simple histoire de harem, et de tou-
ristes orientaux, mais la prise de température
sur un corps malade, par le médecin qui ap-
portera la cure et le remède dans *L'Esprit des
Lois.*

CHAPITRE IV

LES SOURCES LITTERAIRES
DES *LETTRES PERSANES* :
L'ORIENT

En parlant de l'orientalisme avant Montesquieu, nous avons déjà mentionné les noms de
certains auteurs qui ont exercé une influence
sur les *Lettres Persanes*, mais Montesquieu, on
s'en doute, ne s'en est pas tenu à eux, il faut
donc élargir notre enquête et lui donner un
tour méthodique. Songeons d'autre part à toute
la matière des *Caractères* de La Bruyère ; Montesquieu n'aura pas manqué, nous le verrons
bientôt, de s'inspirer à la fois du fond et de
la forme.

Mais il est évident qu'écrivant des *Lettres
Persanes* il s'est d'abord adressé à ceux qui
pouvaient lui fournir des renseignements pré-
cis sur la Perse et ses habitants, sur l'Islam en
général. L'Orient était déjà connu grâce aux
relations des voyageurs. Le président connaissait sans aucun doute l'*Histoire de l'Etat présent de l'Empire Ottoman* de Rycaut, la *Relation du Voyage de Perse et des Indes Orientales* de Herbert, traduit du flamand en 1673,

Le Voyage en Moscovie, Tartarie et Perse d'Olea-
rius, traduit de l'allemand par A. de Wicque-
fort en 1659 ; un Thévenot avait couché ses
impressions orientales dans sa *Relation d'un
Voyage fait au Levant* publiée en 1663. Tourne-
fort en avait fait autant en 1717, quatre ans
avant les *Lettres Persanes*, dans un récit du
même genre. Mais les grands maîtres de Montesquieu restent Tavernier et surtout Chardin.

Pour ces renseignements historiques, géographiques, ethnographiques, M o n t e s q u i e u
s'adresse à ce dernier de préférence, et possède
l'édition d'Amsterdam en dix volumes de 1711.
La lettre première nous parle-t-elle des dévotions de nos voyageurs « sur le tombeau de la
Vierge qui a mis au monde douze prophètes »,
c'est par Chardin [1] qu'il a appris qu'on vénère
ainsi le tombeau d'une Fatmé, fille de Moussa
al Kacim, dans la mosquée de Com. Il est vrai
que Montesquieu n'a pas regardé le texte de
fort près car il aurait vu page 53 de Chardin
qu'il la confond avec la fille de Mahomet :
« vierge très pure, très juste et immaculée, glo-
rieuse Fatmé, fille de Mohammed l'Elu, femme
d'Ali le bien aimé, mère des douze vrais Vicai-
res de Dieu, d'Illustre naissance ». Chardin (IV,
p. 115 sqq). Il l'instruit sur les goûts sédentaires
des Persans dans la même lettre. De même

1. T. III, p. 51. Nous suivons d'édition des *Lettres Persanes* de Laurent Versini, Paris, Imprimerie Nationale, 1986,
in-4°. Pour plus de commodité nous numérotons les lettres
en chiffres arabes.

tout ce qui sera dit à partir de la lettre 4 sur les mœurs des femmes, des harems, sur les prétendues amours des eunuques, vient du tome VI de Chardin. De même encore lorsque Montesquieu s'étend sur la longue résistance qu'opposent les jeunes épouses persanes, avant de se laisser voir à visage découvert de leur seigneur et maître, et de se livrer à lui (lettre 26 d'Usbek à Roxane), il a été instruit par Chardin qui rappelle l'exemple de la fille d'Abas le Grand qui « fut longtemps sans vouloir regarder son mari en face » et s'arma d'un poignard [2]. Ses propos sur la tolérance religieuse des Persans dans la lettre 19, sur la gravité ordinaire des Persans dans la lettre 35 ont leur source au tome IV, pages 101 et 111 de Chardin, de même que ce qu'il dit de l'intempérance des rois de Perse, dans la lettre 34, lui a été suggéré par la page 18 du tome VI ; s'agit-il dans la même lettre de l'euphorie artificielle provoquée par l'infusion de pavot, c'est aux longs détails de Chardin qu'il demande sa documentation [3]. Lorsque Zachi dans sa lettre à Usbek (la 47e du recueil) parle de la surveillance qu'on exerce à la sortie des femmes du harem et des précautions qu'on prend pendant leurs promenades, elle est une bonne élève de Chardin, qui nous apprend que lorsque les femmes du roi ou d'un grand per-

2. T. II, pp. 268-269.
3. T. IV, pp. 203 et sqq.

sonnage sortent, elles sont accompagnées d'eunuques et de cavaliers qui crient *courouc* (défense) pour écarter les passants, qui en déso-
béissant risqueraient la mort[4]. Montesquieu
raconte-t-il l'histoire du Guèbre qui a épousé
sa sœur (lettre LXVII), Chardin (t. IX, pp. 139-
140) lui a donné des précisions sur leurs origines, leurs mœurs patriarcales, leur religion.
Naturellement au fur et à mesure que nos Persans prolongent leur séjour en Europe le re-
cours à Chardin devient moins fréquent et
moins nécessaire. Mais parlant de la chasteté
des moines dans la lettre CXVII, Usbek a bien
les réactions d'un Persan : « Les Persans ne
sauraient comprendre, nous dit Chardin (t. II,
p. 259) qu'il y ait des personnes qui volontai-
rement et par choix, vivent en chasteté ». Lorsque dans la lettre 119 Usbek déclare que « les
anciens rois de Perse n'avaient tant de milliers
de sujets qu'à cause de ce dogme de la religion
des mages, que les actes les plus agréables à
Dieu que les hommes pussent faire, c'étoit de
faire un enfant, labourer un champ et planter
un arbre », il est un bon élève de Chardin (t. IX,
p. 146). De même que tout ce qu'il peut dire
du quiétisme de ses coreligionnaires a sa substance page 136 chez Chardin[5]. Sur le pouvoir
politique des astrologues de Perse, que Rica
mentionne dans la lettre 135, il y a les pages

4. T. VI, pp. 238 et sqq.
5. T. IV, p. 99, et t. IX, p. 136.
6. T. V, pp. 76 et sqq.

de Chardin qui sont fort intéressantes [6], comme
les réflexions du même sur le fait que les musulmans n'excluent pas les femmes des récompenses célestes, mais par une sage précaution,
leur assignent un paradis spécial [7]. C'est la
matière en grande partie de la lettre 141 où
parle Rica. Dans la lettre 143 le même parle
à Nathanaël Lévi, médecin juif à Livourne, de
la croyance aux amulettes, si répandues chez
les Persans. Or tous les détails viennent encore
de notre Chardin : « Ils les composent des
passages de l'Alcoran et des Hadis qui sont
les dits des premiers successeurs de Mohammed, de prières de leurs saints, mêlées de termes cabalistiques... Ils les portent au cou, à la
ceinture, mais plus communément au bras
entre le coude et l'épaule, en de petits sacs de
soye, ou de brocard de toutes figures, grandes
comme un demi écu, plus ou moins... J'ai vu
des gens porter ainsi tout l'Alcoran » [8].

Ces références à Chardin sont, nous le voyons,
fort nombreuses. On peut affirmer a priori que
Montesquieu lui doit presque toute sa documentation sur l'Orient et la Perse et peut-être
est-ce par Chardin qu'il est venu à Tavernier.
Celui-ci est favorisé d'une attention moindre.
Il semble avoir été consulté beaucoup moins
souvent. Ce n'est qu'à partir de la lettre 46
que nous croyons le trouver à propos du refus

7. T. VII, p. 59.
8. T. II, pp. 288-289.

52

des Hindous de tuer une bête quelconque.
Ceux-ci « abhorrent, écrit Tavernier, de tuer
quelque animal que ce soit, de peur d'être cou-
pables de la mort de quelqu'un de leurs parens
ou amis qui fait pénitence dans l'un de ces
corps »[9]. Mais dans les dernières lettres Tavernier est mis davantage à contribution. Dans la
lettre 85 qui parle des conséquences économiques de l'intolérance, Usbek rappelle à Mirza
le dessein de quelques ministres de Chah Soliman d'« obliger tous les Arméniens de Perse de
quitter le royaume ou de se faire mahométans...
On ne sait, continue-t-il, comment la chose manqua. » C'est une allusion précise à un fait raconté
par Tavernier[10]. Ali-Couli-Kan, favori de Chah
Soliman, mécontent de ces chrétiens, avait suggéré au souverain de les obliger à se faire
musulmans. Celui-ci renonça par intérêt et les
Arméniens payèrent, d'après Tavernier, dix
mille tomans au roi, et quatre ou cinq mille à
Ali-Couli-Kan. De même dans la lettre 121
Usbek parle des transports désastreux de peuples d'un point à un autre : « Le Grand Chah
Abas, voulant ôter aux Turcs le moyen d'entretenir de grosses armées sur les frontières,
transporta presque tous les Arméniens hors de
leur pays et en envoya plus de vingt mille
familles dans la province de Guilan, qui péri-
rent presque toutes en très peu de temps. » Or,

9. T. II, ch. 5, L. 3.
10. T. I, 1, 5, ch. 8, p. 577.

que raconte Tavernier ? Après avoir narré les faits il conclut : « De ces 20 000 familles, à peine s'en trouve-t-il aujourd'hui 3 000 » [11].

Enfin toute l'histoire de la lettre 125 où Rica parle de cette veuve hindoue qui veut se brûler après la mort de son mari, parce que c'est la coutumc, et qui refuse quand elle apprend qu'en ce faisant elle recommencerait dans l'autre monde un second mariage, doit sa couleur locale à Tavernier. D'abord le fait qu'elle va demander la permission au gouverneur : « Il faut remarquer qu'une femme ne peut brûler avec le corps de son mari sans avoir la permission du gouverneur du lieu où elle habite, et ces gouverneurs qui sont mahométans et qui ont en horreur cette exécrable coutume... ne le leur permettent pas facilement » [12]. Et voici pour le mariage recommencé : les brahmanes font croire aux femmes « que mourant de la sorte avec leur mari, elles iront revivre avec lui dans une autre partie du monde, avec plus de gloire et plus d'avantages qu'elles n'en ont eu auparavant » [13].

A vrai dire Montesquieu semble devoir presque autant à l'*Histoire de l'Empire ottoman* de Rycaut qu'aux voyages de Tavernier. En particulier lorsque dans la lettre 19 Usbek parle à son ami Rustan de l'Empire turc, il a pour souffleur Rycaut. Comme lui il note le des-

11. T. 1, ch. 14, pp. 369-370.
12. *Op. cit.*, t. II, l. 3, ch. 8, p. 384.
13. *Ibid.*, t. II, l. 3, ch. 8, pp. 383-384.

potisme du gouvernement ottoman et ses mauvaises conséquences [14] et comme lui il souligne la faiblesse maritime des Turcs [15]. De même lorsque avec un sourire, il indique à propos de la lettre 75 que les mahométans ne songent point à prendre Venise parce qu'ils ne trouveraient point d'eau pour leurs purifications, il tient le détail de Rycaut [16]. Il songe aussi aux pages de Rycaut quand dans la lettre 114 Usbek convient que la polygamie n'est pas favorable à la propagation de l'espèce [17]. A propos de l'Enfer, dans la lettre 35, Usbek se demande si au jour du Jugement les chrétiens seront comme les Turcs infidèles qui serviront d'ânes aux Juifs et les mèneront au grand trot en Enfer. Montesquieu retourne contre les Turcs ce que le mufti Esad Effendi dit aux Persans d'après Rycaut : « J'espère... de la majesté divine, qu'au jour du jugement elle vous fera servir d'asnes aux Juifs et que cette misérable nation, qui est le mépris du monde, vous montera et vous mènera au trot en enfer » [18].

Il n'aurait pu être question de Persans et de Persanes, sans une teinture de leur religion. Elle lui était donnée, c'est vrai, par Chardin, Tavernier et Rycaut. Mais il était facile à Montesquieu de se reporter à la source même de

14. Livre I, ch. 15 et 17.
15. Livre III, ch. 12, pp. 491-498.
16. Livre III, ch. 12, p. 497.
17. Livre I, 2, ch. 21, pp. 367-368.
17. II, 10, p. 300.

l'islamisme, c'est-à-dire au Coran, dont une version française due au sieur du Ryer avait paru dès 1647. Dans la lettre 16 nous avons une allusion très directe : « Je suis au milieu d'un peuple profane, dit Usbek au mollak Méhémet Ali. Permets que je me purifie avec toi ; souffre que je tourne mon visage vers les lieux sacrés que tu habites ; distingue-moi des méchants, comme on distingue au lever de l'aurore le filet blanc d'avec le filet noir. » Et le Coran dit : « Buvez et mangez jusqu'à ce que vous distinguiez le filet blanc et le filet noir par la lumière de l'Aurore » [19]. La lettre 38 se termine par une citation littérale du Coran : « Les femmes doivent honorer leurs maris ; leurs maris les doivent honorer : mais ils ont l'avantage d'un degré sur elles » [20]. Ailleurs dans la lettre 114 Montesquieu paraphrase les paroles du prophète sur les rapports des hommes et de leurs épouses : « Voyez vos femmes, dit le Prophète, parce que vous leur êtes nécessaires comme leurs vêtements, et qu'elles vous sont nécessaires comme vos vêtements. » Du Ryer avait traduit : « Il vous est permis de connaître vos femmes la nuit du jeûne ; elles vous sont nécessaires comme vos vêtements, et vous leur êtes nécessaires aussi comme leurs vêtements » [21]. Et Montesquieu dit encore plus loin : « Vos

19. *Coran*, trad. du Ryer, II, 183, p. 22.
20. *Ibid.*, II, 228, p. 27.
21. *Ibid.*, II, 183, p. 21.

56

femmes sont vos labourages. Approchez-vous
donc de vos *labourages*, faites du bien pour
vos âmes, et vous le trouverez un jour. » C'est
la reproduction presque textuelle de la version
de du Ryer : « Vos femmes sont vos labourages, approchez de votre labourage à votre
volonté, et faites du bien pour vos âmes, vous
le trouverez un jour » [22]. Il faut bien reconnaître cependant que Montesquieu n'est pas
allé souvent consulter la source même de l'islamisme.

Là ne s'arrêtent point ses emprunts aux
Orientaux et aux orientalistes. Il s'est servi
aussi sporadiquement des autres auteurs que
nous avons mentionnés. Mais tout cela ne représente que la moitié de sa documentation.
Il nous faut savoir les sources de ses peintures
européennes et françaises, du cadre même de
ses *Lettres*. Or il en est une d'abord qui s'impose à nous, parce que précisément elle concerne l'Orient et l'Occident et qu'elle est sous
formes de lettres, c'est le fameux livre de Jean-
Paul Marana publié à Paris en 1674 : *L'Espion
du Grand Seigneur, et ses relations secrètes,
envoyées au Divan de Constantinople...* « Découvertes à Paris, pendant le règne de Louis
le Grand, traduites de l'Arabe en Italien par
le sieur Jean-Paul Marana, et de l'Italien en
Français par XXX » [23]. Et effectivement nous

22. *Ibid.*, II, 223, p. 27.
23. Paris, Barbin, 1684, 6 vol. in-12.

trouvons à la Bibliothèque Nationale une édition jumelle en italien : « *L'Esploratore Turco...* In Parigi, appresso Claudio Barbin 1684 ». L'ouvrage eut un succès considérable et fut constamment réédité sous un titre légèrement différent : *L'Espion dans les Cours des Princes Chrétiens ;* en 1710 il atteint sa treizième édition à Cologne, et il sera encore réédité après les *Lettres Persanes*, dans l'édition d'Amsterdam de 1756 en neuf volumes. Or qui était ce Marana ? Un Gênois né en 1642 d'une famille patricienne, et qui avait fait d'excellentes études le portant surtout vers l'Histoire. Il fut accusé en 1670 de n'avoir pas révélé la conjuration ourdie par le comte della Torre pour livrer Savone au duc de Savoie ; enfermé dans la tour de Gênes pendant quatre ans, il entreprit ensuite à l'instigation de ses amis l'histoire de cette conjuration. Il fit un voyage en Espagne pour recueillir les documents dont il avait besoin. Mais il avait à peine terminé la rédaction de l'ouvrage après son retour à Gênes, qu'il fut arrêté encore et privé de son manuscrit qu'il ne put jamais se faire restituer. La guerre éclate en 1681, Marana, très francophile, craint de s'attirer de nouvelles persécutions. Il s'enfuit à Monaco et ses deux filles sont dans un couvent de la principauté. Il y passe quelques mois et emploie ce temps à récrire l'histoire de la conjuration sur des mémoires qu'il a soustraits à la police. Il vient ensuite à Lyon où il fait imprimer l'ouvrage sous le titre : *La Con-*

giura di Rafaello della Torre, con le mosse della Savoia contro la repubblica di Genova, libri due [42]. De Lyon il gagne Paris où il trouve des protecteurs puissants, comme le P. de la Chaise et l'archevêque de Harlay, qui le recommande à Louis XIV. Celui-ci le pensionne. C'est alors qu'il écrit et publie à partir de 1684 son *Espion du Grand Seigneur*. Les trois premiers volumes eurent sur le moment beaucoup plus de succès que les autres. Il s'était fait aider par Cotolendi dans une partie de son œuvre. Ce Ch. Cotolendi était précisément un polygraphe du milieu du XVIIe siècle à qui l'on doit *Le Voyage de P. Texevia, ou Histoire des rois de Perse*, « depuis Kayrimarras, leur premier roi, jusqu'en 1609, avec l'origine du royaume d'Ormus », publié en 1681 et traduit de l'espagnol, de même qu'une dissertation sur les œuvres de Saint-Evremont, une apologie du même et des *Saint Evremoniana* de 1700 et 1701 dont nous reparlerons. Il mourut au commencement du XVIIIe siècle, tandis que Marana, après avoir regagné l'Italie, mourait solitaire en décembre 1693.

Ecrivain agréable, assez spirituel, plutôt superficiel, il offrait à Montesquieu une mine à exploiter, un fonds où puiser, un cadre ingénieux où placer ses personnages. Pietro Toldo a excellemment dressé la liste des rapprochements entre les *Lettres Persanes* et *L'Espion Turc* dans son article du *Giornale Storico della*

24. Lyon, 1682, in-12.

letteratura italiana du premier trimestre 1897.
Il est incontestable en effet qu'ils sont importants et marquent bien l'influence. Montesquieu
en atténue parfois les traits. Par exemple la
lettre 29 de Rica à Ibben, sur le pape et
l'Eglise, est visiblement inspirée de la lettre 28
du tome II, de la lettre 13 du livre IV, de la
lettre 83 du tome V. Marana allait plus loin
quand il accusait les successeurs de saint Pierre
à la fois d'orgueil et d'ambition. De même
pour les inquisiteurs dans la même lettre Montesquieu disait : « Ils sont au désespoir d'avoir
condamné. Mais, pour se consoler, ils confis-
quent tous les biens de ces malheureux à leur
profit. » Marana est encore plus explicite dans
la lettre 73 du tome II : « La première chose
que font les saints inquisiteurs est de faire une
exacte et dévote recherche des biens du prison-
nier. S'ils trouvent qu'il soit riche, il n'en faut
pas davantage pour le rendre criminel : et les
bons Pères prennent pieusement le soin de dis-
poser de ce qu'il a. »
Quand Montesquieu fait ressortir les points
de similitude entre la religion chrétienne et
l'islamisme dans la lettre 35, il s'est évidemment servi de la première lettre du tome II
et de la lettre 24 du tome IV. Vient-il à parler
de la Russie dans la lettre 51 et du plaisir
qu'éprouvent les femmes russes à se laisser
battre par leurs maris qui leur prouvent ainsi
leur amour, il a suivi fidèlement la leçon de
L'Espion Turc, qui déclare dans la première

lettre du tome III : « Je connais un gentilhomme... qui a demeuré quelques années à
Moscou. Il dit que les femmes Russiennes ne
se croyent pas aimées de leurs maris, à moins
qu'ils ne les battent tous les jours. Elles regar-
dent cette correction comme une marque de
l'estime et de l'affection que leurs époux ont
pour elles. Si ces femmes simples sont fâchées
ou chagrinées, il n'y a pas d'autre moyen de
les mettre de bonne humeur que de les bâton-
ner... » Ou encore le président de Montesquieu
parlant du célibat des prêtres et trouvant que
« leurs docteurs se contredisent manifestement
quand ils disent que le mariage est sain, et
que le célibat qui lui est opposé, l'est encore
davantage, se souvient de la lettre 12 du tome V
où *l'Espion Turc* voit de la contradiction chez
des prêtres célibataires qui recommandent « le
mariage aux laïques comme un saint sacrement
et un mystère de la religion ». Ces quelques
exemples nous montrent le parti que Montesquieu a su tirer de ces six volumes de lettres
plutôt brèves, où nouvelles diplomatiques et
militaires, tableaux pittoresques des lieux et
des mœurs, pensées philosophiques se succèdent dans un attrayant mélange de l'imprévu
et du prévu. Est-ce autrement que procédera le
président ? Et d'autre part la physionomie
même de l'espion turc, contemplatif, sérieux,
avide de science et sachant librement raison-
ner, n'est pas sans annoncer Usbek. S'il parle
moins de harem, il est en relations avec des

eunuques et on le sent un familier du sérail.
Il est zélé et courageux dans son métier, tout
comme Spanheim. Il sait avoir le regard perçant, l'oreille fine, et si les foules occidentales
le déconcertent parfois par leur turbulence, il
a une résignation tout islamique dans ses
mésaventures. Et cet Ottoman n'est pas fana-
tique. Regardez-le, tandis qu'il pose aux gens
des questions sur la destinée future et la divi-
nité. Il s'adresse aussi bien à des juifs, à des
païens, à des Indiens avec plus de complaisance, mais il est sans animosité à l'égard des
chrétiens. Il est moins passionné, moins curieux
de dogme que de morale. Il cherche à concilier
les religions. Il est convaincu qu'un honnête
homme peut faire son salut dans toutes. Et
pourtant il est dur pour les ambitions de la
papauté, pour les moines et les abus réguliers,
pour les casuistes trop subtils et les inquisiteurs trop cruels. Par ses étonnements, ses critiques et nous pourrions dire ses préjugés, il
annonce les *Lettres Persanes*. Il les annonce
si bien que plusieurs éditions hollandaises ajou-
teront, après le titre *Lettres Persanes*, « dans
le goût de l'Espion turc ». Mais, dira-t-on avec
raison, l'émissaire turc n'est pas de la même
volée que le grand seigneur persan. L'espion
ne pénètre pas toujours dans les cercles où
Usbek aura ses entrées, et pour l'espion du
sultan, surtout le pensionné de Louis XIV, il
ne saurait être question d'être trop libre sur
les questions politiques et, comme le dit si bien

Elie Carcassonne, de toiser les ministres et les princes en gardant sa fierté d'allure. Nous verrons aussi que le président est de beaucoup supérieur à Marana comme artiste. Il a un relief et une vivacité que l'autre n'a pas, il sait remplacer ses remarques abstraites par une scène, un croquis, un dialogue. Mais ajoutons pour être équitable qu'il demande mainte fois à l'Italien la matière de sa création. En somme Marana aura eu la gloire de montrer le chemin à Montesquieu, de l'avoir fait rêver et, comme on l'a dit, de l'avoir fait écrire dans les marges de *l'Espion Turc*. On a aussi attribué à Marana une *Lettre d'un Sicilien à un de ses amis, contenant une agréable critique de Paris et des Français* [25] qui parut d'abord en 1700, puis en 1701 dans le recueil des *Saint Evremoniana*, enfin séparément en 1714. Or on sait que les *Saint Evremoniana* ont été publiés par le collaborateur de Marana, Cotolendi. A-t-il voulu ainsi faire passer une œuvre inédite de son collaborateur ? Les exemples semblables ne sont pas rares. L'abbé Valentin Dufour, qui a réimprimé en 1883 cet opuscule, l'attribue à Marana. En fait le ton rappelle assez celui de *l'Espion Turc* et même des rapprochements sont possibles entre nos *Lettres Persanes* et cet écrit ; peut-on parler d'influence ? On peut penser que

25. « Traduction d'une lettre italienne. Cette lettres est écrite d'un style singulier, et on a tâché de retenir le même style dans la traduction. Elle est datée de Paris 20 août 1692. » *Saint-Evremoniana*, Paris, 1701, in-12, pp. 259-296.

oui, surtout si l'on en juge par les exemples suivants. Ainsi à propos des aveugles qui font son émerveillement. Rica rapporte dans la lettre 32 la réponse de l'un d'eux : « Il y a quatre cens ans que nous sommes trois cens aveugles dans cette maison où vous m'avez trouvé. Mais il faut que je vous quitte. Voilà la rue que vous demandiez. Je vais me mettre dans la foule ; j'entre dans cette église, où je vous jure, j'embarrasserai plus les gens qu'ils ne m'embarrasseront. » Auparavant Rica avait écrit : « Il me mena à merveille, me tira de tous les embarras et me sauva adroitement des carrosses et des voitures », que lisons-nous dans la lettre, page 14 de l'édition Dufour : « Je n'ai jamais vu un si grand nombre d'aveugles ; ils vont par toute la ville, sans guide, et marchent plusieurs ensemble parmi une infinité de charrettes, de carrosses et de chevaux avec la même seureté que s'ils avoient des yeux à leurs pieds. Ils demeurent tous ensemble dans une maison, appelée Hôpital des Quinze-Vingts ; où ils sont nourris des aumônes du peuple. »

Immédiatement après dans la lettre 33, Usbek écrit à Rhédi : « Le vin est si cher à Paris, par les impôts que l'on y met, qu'il semble qu'on ait entrepris d'y faire exécuter le précepte du divin Coran qui défend d'en boire. » Le Sicilien constate de son côté, page 29 : « Le vin est d'un prix médiocre quand il est aux portes de la ville, mais d'abord qu'il est entré, il se change en or potable ! »

Est-ce que la lettre 45 sur l'alchimiste qui croit avoir découvert le procédé de fabriquer de l'or a été inspirée par un passage de la page 44 du Sicilien ? Qu'on en juge : « J'ai ouï dire que les alchimistes sont ici en aussi grand nombre que les cuisiniers. »

Parlant des jaloux dans la lettre 55 Usbek écrit à Ibben : « Aussi, n'y a-t-il point de pays où ils soient en si petit nombre que chez les Français. Leur tranquillité n'est pas fondée sur la confiance qu'ils ont en leurs femmes ; c'est, au contraire, sur la mauvaise opinion qu'ils en ont. » La lettre du Sicilien, page 23, a fait la même constatation : « On ne voit presque jamais ici de jaloux, rarement un homme qui se croye malheureux pour l'infidélité de sa femme. » A propos des avocats, Rica écrit à Usbek dans la lettre 68 que les avocats sont des livres vivants et il demande à l'homme de robe : « Et ne se chargent-ils pas aussi quelquefois de vous tromper ? Vous ne feriez donc pas mal de vous garantir de leurs embûches : ils ont des armes avec lesquelles ils attaquent votre équité. » Le Sicilien écrit aussi : « Leurs armes sont la langue, la plume, et la bourse : avec les deux premières, ils dépendent et ruinent leurs clients, et avec la bourse ils les dépouillent ; ils ne finissent les procès que quand les parties n'ont plus d'argent pour les continuer » [26].

26. Ed. Dufour et *Saint-Evremoniana*, p. 279.

Telles sont les sources de l'orientalisme dans les *Lettres Persanes* et le grand modèle et les autres qui influèrent sur leur exotisme et fournirent le cadre de la critique de l'Europe. On se doute cependant que Montesquieu ne s'en est pas tenu là, et qu'il doit encore à un certain nombre d'écrivains, dont quelques-uns de grand talent, une matière et une forme pour la présentation de ses Persans et la description de Paris et de la France. Nous les connaîtrons dans le chapitre suivant.

CHAPITRE V

LES SOURCES LITTERAIRES :
LA DOCUMENTATION ET LES MODELES
POUR L'EUROPE ET LA FRANCE

Nous nous sommes arrêtés à la charnière de la documentation de Montesquieu, c'est-à-dire à cet *Espion Turc* qui était pour lui mieux qu'une source d'information : un modèle, grâce auquel il a pu pressentir les réactions spontanées d'un Oriental devant l'Occident et la France. Mais, nous le disions, il ne s'en est pas tenu là ; dans un pays qu'il n'a pas visité, et qui n'est pas très loin pourtant de la Brède, il a demandé encore à un voyageur, ou plutôt une voyageuse, les renseignements qui pouvaient lui être nécessaires. C'est Mme d'Aulnoy, célèbre pour ses *Contes de fées* comme Mme de Beaumont qui a trouvé naguère un regain de célébrité grâce à l'adaptation cinématographique par Jean Cocteau de son chef-d'œuvre, *La Belle et la Bête*. Elle avait vécu à la cour d'Espagne avec sa mère, et de ce fait nous lui devons des *Mémoires de la Cour d'Espagne* en deux volumes [1]. Mais les *Mémoires* ont été édi-

1. Paris, 1690, 2 vol. in-12.

68

tés après sa *Relation du voyage en Espagne*
publié en 1691 [2] et qui venait d'être réimprimé
à La Haye en 1715. Montesquieu s'est sans
doute souvenu d'un passage du tome II de cette
édition, page 154, quand dans la lettre 44 Usbek
déclare à Rhédi : « Les hommes ressemblent
tous, plus ou moins, à cette femme de la province d'Erivan qui, ayant reçu quelque grâce
d'un de ses monarques, lui souhaita mille fois
dans les bénédictions qu'elle lui donna, que le
Ciel le fît Gouverneur d'Erivan. » « Il y a quelque tems, raconte Mme d'Aulnoy, qu'une Espagnole, nouvellement arrivée de Naples, fit prier
le Roi qu'elle le pût voir ; et quand elle l'eut
assez regardé, transportée de son zèle, elle lui
dit en joignant les mains : Je prie Dieu, sire,
qu'il vous fasse la grâce de devenir un jour
vice-roi de Naples. » Le Président, on le voit,
n'a eu qu'à transposer : l'effet de surprise, le
comique psychologique restent les mêmes. Mais
c'est dans la lettre 78 de Rica à Usbek, consacrée à l'Espagne, que Mme d'Aulnoy a une part
royale. « La gravité, dit Montesquieu, est le
caractère brillant des deux nations » (l'espagnole et la portugaise). Mme d'Aulnoy avait écrit
au tome I, page 106 : « Les Espagnols... ont
toujours passé pour être fiers et glorieux, cette
gloire est mêlée de gravité ; et ils la poussent
si loin, qu'on peut l'appeler un orgueil outré. »
Mais il y a mieux. D'après le Président, cette

2. 3 vol. in-12.

gravité se signale par le port des lunettes et des moustaches. Car « les lunettes font voir démonstrativement que celui qui les porte est un homme consommé dans les sciences et enseveli dans de profondes lectures, à un tel point que sa vue en est affaiblie ; et tout nez qui en est orné ou chargé peut passer, sans contredit, pour le nez d'un savant. » Montesquieu n'a fait que généraliser une observation savoureuse de Mme d'Aulnoy. Comme elle s'étonnait de voir beaucoup de jeunes filles espagnoles porter lunettes, elle apprit « que c'était pour la gravité, et qu'on ne les mettoit pas par besoin, mais seulement pour s'attirer du respect »[3]. Si beaucoup de jeunes filles mettent aujourd'hui de grosses lunettes noires pour se garantir du soleil, ce n'est point pour garantir leur vertueuse gravité !

Montesquieu fait ensuite mention de ceux qui constituent la population originairement chrétienne, en ces termes : « Ceux qui vivent dans le continent de l'Espagne et du Portugal se sentent le cœur extrêmement élevé, lorsqu'ils sont ce qu'ils appellent *des vieux chrétiens*, c'est-à-dire qu'ils ne sont pas originaires de ceux à qui l'Inquisition a persuadé dans ces derniers siècles, d'embrasser la religion chrétienne. » C'est Mme d'Aulnoy qui lui a fourni ce détail caractéristique : « Vous ne serez peut-être pas fâchée de savoir qu'il faut, en faisant

3. T. II, p. 139.

ici ses preuves de noblesse, prouver que l'on descend du côté de père et mère de *viejos cristianos*, c'est-à-dire d'anciens chrétiens » [4].

L'indolence et le désœuvrement bien connus de l'Espagnol d'autrefois nous sont présentés de façon fort pittoresque par notre mémorialiste page 114 du tome III : « On ne voit pas un menuisier, un sellier, ou quelque autre homme de boutique qui ne soit habillé de velours et de satin, comme le Roi ayant la grande épée, le poignard et la guitare attachée dans sa boutique. Ils ne travaillent que le moins qu'ils peuvent. » Tout en conservant ce pittoresque, le Président fait de ces précisions un faisceau de flèches acérées contre la noblesse, aussi bien espagnole que française peut-être : « Car il faut sçavoir que, lorsqu'un homme a un certain mérite en Espagne, comme, par exemple, quand il peut ajouter aux qualités dont je viens de parler celle d'être le propriétaire d'une grande épée, ou d'avoir appris de son père l'art de faire jouer une discordante guittarre, il ne travaille plus : son honneur s'intéresse au repos de ses membres. Celui qui reste assis dix heures par jour obtient précisément la moitié plus de considération qu'un autre qui n'en reste que cinq, parce que c'est sur les chaises que la noblesse s'acquiert. » Et naturellement il en vient à parler de l'amour espagnol ; cependant quelle fine et souriante amplification il fait de cette courte

4. T. III, pp. 71-72.

phrase de Mme d'Aulnoy : « Le seul plaisir et l'unique occupation des Espagnols, c'est d'avoir un attachement »[5] : « Mais, renchérit Montesquieu, quoique ces invincibles ennemis du travail fassent parade d'une tranquillité philosophique, ils ne l'ont pourtant pas dans le cœur : car ils sont toujours amoureux. Ils sont les premiers hommes du monde pour mourir de langueur sous la fenêtre de leurs maîtresses, et tout Espagnol qui n'est pas enrhumé ne sçaurait passer pour galant. » Mais quelles sont les faveurs qu'une femme peut accorder à son cavalier, qu'est-ce qu'un mari peut permettre à sa femme de laisser voir ? avec un étonnement comique, Rica va nous l'apprendre : « Ils permettent à leurs femmes de paraître avec le sein découvert, mais ils ne veulent pas qu'on leur voye le talon, et qu'on les surprenne par le bout des pieds. » C'est Mme d'Aulnoy qui nous indiquera le pourquoi de ce veto : « C'est que la dernière faveur d'une dame pour son cavalier est en Espagne de lui montrer le pied »[6]. Cela suppose beaucoup d'imagination chez le cavalier.

C'est encore Mme d'Aulnoy qui, pages 85-86 du tome III, lui enseigne les rigueurs de l'amour et de la passion : « On dit partout que les rigueurs de l'amour sont cruelles. Elles le sont encore plus pour les Espagnols : les femmes

5. T. III, p. 85.
6. T. II, p. 126.

72

les guérissent de leurs peines ; mais elles ne font que leur en faire changer, et il leur reste souvent un long et fâcheux souvenir d'une passion éteinte. »

On le voit, l'apport de Mme d'Aulnoy, pour le pittoresque et l'observation fine, est considérable, mais il est strictement limité à deux de nos lettres. Qui allait donner à Montesquieu, sinon un cadre commode, du moins les procédés de présentation d'un étranger étonné de tout ce qu'il voit en Europe et en France ? Sans doute il peut recourir à l'*Espion Turc*, mais cela ne suffit pas, il y a un rythme, un mouvement, un pittoresque qu'on n'y trouve pas toujours. Il faut faire tout à tour appel au scénario de cinéma, au portrait, au dialogue, aux réflexions badines ou philosophiques. A défaut de philosophie, un livre fournit le reste : ce sont les *Amusements sérieux et comiques d'un Siamois à Paris*, composés par Charles Dufresny. Nous connaissons au moins le nom de cet auteur dramatique qui présente un certain intérêt, puisqu'il descend d'une jardinière d'Anet et de Henri IV ; né à Paris en 1654, il fut valet de chambre de Louis XIV, à qui il plut et qui retrouvait en lui l'enjouement et l'esprit de leur commun aïeul. Il devint même contrôleur des jardins du roi et il dessina un plan pour le parc de Versailles. Il était très léger, sans souci, et faisait joyeusement des dettes, mais il avait la faveur royale et, après, celle du Régent. Rédacteur du *Mercure Galant* de 1710 à 1713, il se révéla surtout homme de théâtre et successeur pas trop indigne de Molière. C'est à lui que nous devons *Le Double Veuvage*, *L'Esprit de contradiction*, *Le Faux Honnête Homme*, *Le Faux Instinct*, *Le Jaloux honteux de l'être*, *Le Mariage fait et rompu*, *Le Faux Sincère*, *La Coquette du village*, *Le Dédit* et surtout ce *Chevalier joueur* qui causa sa brouille avec Regnard, parce qu'il accusa ce dernier de l'avoir pillé dans *Le Joueur*[7]. Il mourut le 6 octobre 1724 à Paris, vivant suffisamment pour voir le succès des *Lettres Persanes*, que ses *Amusements sérieux et comiques*[8] avaient en partie inspirées. Ce fut par une circonstance assez fortuite que cet homme de théâtre les écrivit. Mme de Maintenon avait fait interdire les Comédiens Italiens qui avaient osé la plaisanter. Dufresny travaillait pour les Italiens. Il se trouva donc pour un temps éloigné du théâtre et privé de ressources. Il se consola dans les cafés. Sa conversation était originale, imprévue, étincelante. Il voulut utiliser ces idées et ce bavardage délicieux, mais il s'avisa de la vogue des Siamois ; ils avaient envoyé une ambassade à Louis XIV, qui leur avait envoyé l'abbé de Choisy. Celui-ci avait rédigé une relation de son voyage au Siam. Pourquoi ne pas supposer qu'un Siamois débarque chez nous et qu'il est tout ébahi par notre civilisation ? La formule

7. Paris, 1731, 6 vol. in-12.
8. Paris, Bossard, 1921, 1 vol. in-16.

des *Lettres Persanes* était trouvée et Dufresny se hâta de l'exploiter. Le livre parut en 1699, avec un achevé d'imprimer du 6 décembre 1698, ce qui prouve l'erreur si répandue d'une première édition de 1705. Cette édition de 1699 comprenait 288 pages in-16 imprimées en gros caractères, avec une table d'une trentaine de feuillets curieusement disposés. Elle était anonyme, mais le succès fut immédiat et marqué aussitôt par des contrefaçons. Il y en eut à Lyon et en Hollande. Dufresny, lui-même, réimprima son œuvre en 1706 chez Ribou, et pour mieux répondre à l'accueil si favorable du public il donna une seconde édition, revue et corrigée et augmentée, en 1707, chez la veuve Barbin, en se faisant compliment à lui-même « d'une réussite qui n'est pas douteuse ». Cette nouvelle édition fut elle-même suivie de nombreuses contrefaçons lyonnaises et hollandaises.

A vrai dire le Siamois lui-même ne lui donna aucun mal. Il n'a pas recherché la couleur locale, il ne s'est pas documenté. Ses trois prétendues allusions à des usages du Siam [9] ne sont nullement fondées. Mais, et c'est un détail qu'il faut souligner, si le Siamois ne parle pas en Siamois, il parle en Oriental dans le sens large et vague du mot, nous verrons plus loin pourquoi. De plus sans relief ni caractère, il est vague et inconsistant. Il paraît et disparaît brusquement. Dufresny nous avertit, page 76, de

9. *Op. cit.*, éd. Jean Vic, pp. 95, 126, 163.

ces fugues. « Dans les endroits de mon voyage où le Siamois m'embarrassera, déclare-t-il, je le quitterai, sauf à le reprendre quand je m'ennuierai de voyager seul. » Formule commode ! mais avec quelle habileté Dufresny se sert du personnage ! L'ouvrage est divisé en dix Amusements, puis douze Amusements. L'Amusement premier nous parle des auteurs et fait des développements sur le sérieux et le comique, les anciens et les modernes, le livre qu'est le monde. L'Amusement second intitulé *Le Voyage du Monde* est consacré à la cour et aux courtisans. Ce n'est qu'à partir du troisième Amusement consacré à Paris, à ses embarras, à sa turbulence, à ses raffinements, que le Siamois entre en scène. Nous le retrouvons dans l'Amusement quatrième, qui nous décrit le Palais de Justice et ceux qui le fréquentent. L'opéra et la musique sont l'objet du cinquième amusement, tandis que le sixième, l'un des plus longs, traite du pays des promenades, c'est-à-dire du Bois de Boulogne, du Cours la Reine, des Tuileries. Il est tout spécialement consacré aux femmes. De là à penser au mariage dans le septième il n'y a qu'un pas et c'est une occasion excellente de parler des mauvais ménages et du veuvage. L'Amusement huitième est un des plus austères. Il renseigne sur l'Université, et le pays latin, celui de la science et celui des systèmes. Mais nous revenons à un problème plus riant, quand l'Amusement neuvième nous parle de la Faculté, des médecins et des charlatans ; Dufresny y déploie sa verve et son expérience.

Cependant combien celle-ci est plus grande quand dans le dixième Amusement il s'étend sur le jeu et toutes ses annexes. Jusqu'ici le peintre des mœurs s'est arrêté dans des pays déjà reconnus. Mais il va donner toute sa mesure dans *Le Cercle Bourgeois* formant le onzième Amusement, série variée de portraits et de caractères, suivie de la *Conclusion siamoise*. L'ouvrage n'est pas fini pour cela et il est clos pour un douzième et dernier Amusement, le plus court de tous et intitulé *Le public*. Les contrariétés et la véritable grandeur du public sont analysées et ces deux peintures sont suivies d'un ultime raisonnement siamois. Il y a en somme dans cet ensemble un grand nombre de sujets employés déjà et déjà usés. Pour les renouveler Dufresny va utiliser l'énigme et l'équivoque ; c'est par énigmes que nous connaîtrons le monde du Palais et celui de l'Opéra, c'est par énigmes que nous entendrons parler des Halles et des marchands, des systèmes du pays latin ou des remèdes de la médecine. Il n'y a évidemment ni plan d'ensemble, ni ordre. Les chapitres ont des titres trompeurs, dans l'Amusement sur le Jeu nous trouvons les traiteurs, les cafés, les halles, la friperie. Le contenu du *Cercle bourgeois* est un vrai bric-à-brac.

C'est une littérature de transition dont le chef-d'œuvre est fourni par les *Caractères* de La Bruyère et le style devient limpide et enjoué,

sans cesser d'être parfois archaïque et embarrassé avec des impropriétés, des incorrections
et des gaucheries. Mais c'est bien là ce qui,
avec *L'Espion Turc*, va fournir à Montesquieu
l'idée des *Lettres Persanes*. Voltaire le verra
bien qui écrira dans ses *Lettres Philosophiques* : « L'idée des *Lettres Persanes* est prise
de celle de *L'Espion Turc* (L. XXII) », et qui
complétera dans son *Catalogue des écrivains
français* par ces mots : « C'est une imitation
du *Siamois* de Dufresny et de *L'Espion Turc*. »
Mais Voltaire a vu aussi la source première
de Dufresny, dans ses *Honnêtetés littéraires* :
« Après que *L'Espion Turc* eut voyagé en
France sous Louis XIV, Dufresny fit voyager
son Siamois », mieux que cela, Dufresny suit
souvent Marana. « Toutefois, pour avoir plus
d'originalité il fait un spectateur de celui dont
Marana avait fait un Correspondant. » Une
seule fois il sacrifie au genre de la lettre. C'est
dans le dixième Amusement quand il donne la
Lettre siamoise. Mais on l'a dit, il a eu le mérite
de dénicher dans le gros ouvrage de Marana
si encombré de politique, une fiction claire et
nette, et d'en indiquer les dévelopements aima-
bles ou acerbes, comiques ou sérieux. N'est-ce
pas lui qui mélange pour la première fois un
semblant d'intrigue à l'observation morale ?
Lesage l'imitera en 1707 dans son *Diable boiteux* et aussi Montesquieu, qui a écrit : « Rien
ne plut davantage, dans les *Lettres Persanes*,

que d'y trouver, sans y penser, une espèce de roman. »

Montesquieu ne lui a-t-il donc emprunté que cela ? Il ne le semble pas et les rapprochements faits par Jean Vic dans son excellente édition des *Amusements comiques* suggèrent mainte fois l'emprunt direct ou même l'établissent de façon absolue. Considérons par exemple ce passage du troisième Amusement [10], où Dufresny décrit le chaos bruyant de la rue Saint-Honoré pour montrer l'ébahissement du Siamois : « Il voit une infinité de machines différentes que des hommes font mouvoir ; les uns sont dessus, les autres dedans, les autres derrière ceux-ci portent, ceux-là sont portés : l'un tire, l'autre pousse ; l'un frappe, l'autre crie. Je demande à mon Siamois ce qu'il pense de ce spectacle, j'admire et je tremble, me répond-il, j'admire que dans un espace si étroit tant de machines et tant d'animaux dont les mouvements sont opposés ou différents, soient ainsi agités sans se confondre ; se démêler d'un tel embarras, c'est un chef d'œuvre de l'adresse des Français, mais leur témérité me fait trembler, quand je vois qu'à travers tant de roues, de bêtes brutes et d'étourdis, ils courent sur des pierres glissantes et inégales, où le moindre faux pas les met en péril de mort. » Sans doute Marana offre un développement analogue, le mouvement et les embarras de Paris, I, 11. Mais la

10. Ed. Jean Vic, p. 71.

lettre 24 de Rica à Ibben semble inspirée de Dufresny : « Tu ne le croirais pas peut être : depuis un mois que je suis ici, je n'y ai encore vu marcher personne. Il n'y a point de gens au monde qui tirent mieux parti de leur machine que les Français : ils courent, ils volent. Les voitures lentes d'Asie, le pas réglé de nos chameaux les feraient tomber en syncope. Pour moi qui ne suis point fait à ce train, et qui vais souvent à pied sans changer d'allure, j'enrage quelquefois comme un Chrétien. » De même Dufresny a fourni à Montesquieu les deux mouvements de sa description du Palais de Justice dans la lettre 86 de Rica à xxx : « On monte par plusieurs degrés, est-il dit au début du quatrième Amusement, dans une grande salle même on étale toutes les bigarrures comiques qui composent l'habillement des femmes. » On se rappelle la *Galerie du Palais*, gravure d'Abraham Bosse. Un Parisien voit cela sans étonnement mais son voyageur siamois est « étonné de voir dans un même lieu les hommes amusés d'un côté par des *babioles*, et de l'autre occupés par la crainte des jugements d'où dépendent toutes les destinées. » Pendant deux autres paragraphes Dufresny souligne ce contraste et Montesquieu à son tour fait dire à Rica : « J'allai l'autre jour dans le lieu où se rend la justice. Avant d'y arriver, il faut passer sous les armes d'un nombre infini de jeunes marchandes, qui vous appellent d'une voix trompeuse. Ce spectacle, d'abord est assez riant ;

mais il devient lugubre, lorsqu'on entre dans les grandes salles, ou l'on ne voit que des gens dont l'habit est encore plus grave que la figure. » Montesquieu, on le voit, n'indique plus de boutiques dans les salles, mais uniquement dans les galeries.

Il se peut encore que Dufresny ait suggéré la lettre 28 de Rica à xxx sur la comédie et l'opéra mais il n'a pas fait davantage dans le cinquième Amusement, moins vif et moins animé. Par contre la lettre siamoise du dixième Amusement, qui aux yeux de certains a suggéré à Montesquieu l'idée de ses *Lettres Persanes*, semble avoir un sujet et des idées semblables à ceux de la lettre 56 d'Usbek à Ibben sur les joueurs et surtout les joueuses. Mais l'influence est diffuse et non localisée.

L'influence n'est pas plus nette dans le même Amusement page 129 lorsqu'on nous parle des cafés : « Là plusieurs chevaliers errants viennent se placer à une même table sans se connaître ; à peine se regardent-ils, lorsqu'on leur apporte une certaine liqueur noire, qui a la vertu de les faire parler ensemble ; et c'est alors qu'ils se racontent leurs aventures. » Un Persan connaît le café d'Arabie. Donc Usbek ne peut écrire autrement qu'en ces termes à Rhédi, lettre 36 : « Le café est très en usage à Paris : il y a un grand nombre de maisons publiques où on les distribue. » Et Montesquieu montre mieux le caractère des cafés publics. « Dans quelques unes de ces maisons, on dit des nouvelles ; dans d'autres on joue aux échecs [11]. Il y en a une (la maison Procope) où l'on apprête le café de telle manière qu'il donne de l'esprit à ceux qui en prennent ; au moins, de tous ceux qui en sortent, il n'y a personne qui ne croie qu'il en a quatre fois que lorsqu'il y est entré. » L'allusion aux alchimistes à la fin du même Amusement [12] est trop marquée pour avoir suggéré la lettre 45 de Rica à Usbek. Par contre toute la lettre 48 d'Usbek à Rhédi semble avoir été inspirée par les descriptions du *Cercle bourgeois* qui forme le onzième Amusement. N'a-t-il pas soufflé tout un développement, ce paragraphe : « Cet homme qui s'offense de la familiarité d'un valet, familiarité avec un duc et pair : quelle distance de lui au duc ! mais entre lui et le valet je ne vois que le temps et l'argent [13]. " Qui est cet homme, demande Usbek, qui nous a tant parlé des repas qu'il a donnés aux grands, qui est si familier avec vos ducs, et qui parle si souvent à vos ministres, qu'on me dit être d'un accès si difficile ?... — Cet homme, me répondit-il en riant, est un fermier. Il est d'autant au-dessus des autres par ses richesses, qu'il est au-dessous de tout le monde par sa naissance... " » N'est-ce pas Dufresny qui lui a permis de composer son attaque contre les anciens laquais dans la lettre 49 : « Le corps

11. Cf. *Le Neveu de Rameau*.
12. Ed. Jean Vic, p. 131.
13. Ed. Jean Vic, pp. 159-160.

82

des laquais est plus respectable en France qu'ailleurs. C'est un séminaire de grands seigneurs ; il remplit le vide des autres états. Ceux qui le composent prennent la place des grands malheureux, des magistrats ruinés, des gentishommes tués dans les fureurs de la guerre et quand ils ne peuvent pas suppléer par eux-mêmes, ils relèvent toutes les grandes maisons par le moyen de leurs filles, qui sont comme une espèce de fumier qui engraisse les terres montagneuses et arides. » (Cf. Mme de Sévigné : « Il faut bien fumer ses terres. ») Que lisons-nous chez Dufresny ? Dans le onzième Amusement nous voyons un financier qui entre dans un salon, et qu'un laquais tutoie, parce qu'il l'a reconnu pour un ancien camarade : « Après le dénouement de cette scène, on entend du bruit dans l'antichambre ; c'est un pauvre valet qui voit entrer un homme tout doré. Hé, bonjour, lui dit le valet, bonjour, mon ancien camarade. Tu en as menti, réplique l'autre, avec un soufflet. Sottise des deux parts : le valet ne pense pas à ce qu'il est, ni l'autre à ce qu'il a été ; la pauvreté ôte le jugement, et les richesses font perdre la mémoire » [14]. Et tout le portrait de l'homme à bonnes fortunes qui occupe plus d'une page de la lettre 48, ne vient-il pas aussi, passablement déformé, du *Cercle bourgeois* ? Montesquieu lui fait raconter ses exploits cyniquement et en termes assez généraux, tandis

14. Ed. citée, p. 159.

que Dufresny nous le montre surtout dans un
tête-à-tête avec une dame à qui il offre un dia-
mant qu'elle reconnaît pour sien. Il y a là une
délicieuse scène de comédie [15] que le Président
n'a point reprise. Mais le portrait du décisionnaire de la lettre 72 est suggéré encore par le
onzième Amusement.

Cependant Dufresny n'a-t-il pas un grand
modèle sous les yeux, La Bruyère ? n'y a-t-il
pas bon nombre de thèmes, de descriptions,
d'idées communes à nos trois auteurs et Montesquieu lui-même n'a-t-il pas lu les *Caractères*
et ne s'en inspire-t-il pas ? Les procédés variés
du portrait statique ou dynamique, de la description énigmatique (« il est de ces animaux
farouches... il est un pays... »), les réflexions, les
développements sur les femmes, les écrivains,
les gens de robe, le clergé, les financiers, la
cour, les Grands, le roi, il en a eu l'idée en
même temps que Marana et Cotolendi, mais il
a été un artiste cent fois supérieur. Prenez les
portraits du fermier général, du poète lyrique
et du guerrier, sans doute ils sont issus de La
Bruyère, mais la définition satirique et tout
intellectuelle nous éloigne quelque peu du sensible pittoresque de La Bruyère. De même la
critique des hommes d'argent est dans les
Lettres moins violente et moins profonde qu'au
chapitre VI des *Caractères*. Montesquieu est
l'ami du financier d'Helvétius, il connaît des

15. Ed. citée, pp. 157-159.

fermiers généraux. Tout en procédant de La Bruyère, le portrait s'en prend aux ridicules et non aux vices. Au contraire les *Caractères* attaquaient la dureté impitoyable de cœur, l'égoïsme féroce des financiers. Cette restriction faite, il ne faut pas oublier la hardiesse de Montesquieu en d'autres parties des *Lettres Persanes*. Qui a pu lui enseigner cette hardiesse que Dufresny n'a pas et que *L'Espion Turc* montre assez modérément ? N'est-ce pas l'auteur des *Caractères* qu'il a lus, qu'il cite même dans son *Spicilège*, sans qu'ici il soit toujours possible de faire des rapprochements textuels ? La Bruyère est un précurseur et nous aurons mainte fois l'occasion de poursuivre le parallèle.

A ces sources s'en ajoutent d'autres. Ainsi Addison dans son *Spectator* du 27 avril 1711 [16] feint de reproduire des notes de voyage à travers Londres, de quatre chefs indiens qui les ont oubliées. C'est une esquisse, avec des méprises plaisantes et voulues sur les mots *whig* et *tory*, des étonnements puérils sur les monuments, le théâtre, les modes.

C'est Hérodote, avec Fénelon, qui inspire les pages sur les troglodytes. C'est Flacourt qui par son *Histoire de la grande isle Madagascar*, publié à Paris en 1658, fournit dans la lettre 121, à Usbek, une partie de ses arguments

16. Cette partie a été traduite en français dès 1714, voir éd. d'Amsterdam, 1714, p. 236-42.

sur les colonies. Enfin en 1711 paraissent les *Réflexions morales, satiriques et comiques*, d'un huguenot réfugié en Hollande, libraire à Amsterdam, mort en 1752, Jean-Frédéric Bernard [17]. D'un esprit fortement satirique le livre contient huit lettres d'un prétendu philosophe persan. D'autre part en 1716, anonymes et sans indication de lieu ni de date d'impression, paraissent deux *Lettres Persanes*. A en croire l'abbé Granet elles seraient du Provençal Joseph Bonnet, originaire de Brignoles et avocat au Parlement d'Aix. Elles l'obligèrent à quitter Paris et à rentrer dans sa Provence. Ces deux lettres sont adressées à Musala à Ispahan. La première sur les mœurs des Parisiens, la liberté des femmes françaises, la religion (jésuites et jansénistes). Dans la seconde il est parlé de Louis XIV, de l'ambassade de Mehemet Riza Beg en 1715 [18], des officiers de la Couronne en France, du caractère des nobles et encore des dissensions religieuses. Nous nous trouvons devant une véritable confluence littéraire.

17. Pierre Marteau, Cologne.
18. L'ambassade Mehemet Riza Beg, intendant de la province d'Erivan (cf. l'anecdote du gouverneur d'Erivan dans les *Lettres Persanes*). Madame, mère du Régent, écrit le 7 février 1715 : « On ne parle pas d'autre chose que de l'ambassadeur persan qui a fait hier son entrée à Paris. C'est le plus drôle de corps qu'on puisse voir. Il a avec lui un devin qu'il consulte à tout propos pour savoir quels sont les jours et les moments heureux ou malheureux, si on lui propose de faire quelque chose et si le jour ne se trouve pas heureux il entre en fureur, il grince des dents, tire son sabre et son poignard et veut tout exterminer. »

CHAPITRE VI

LES SOURCES VIVANTES
DES *LETTRES PERSANES*

L'HISTOIRE ET L'ACTUALITE
DANS LE ROMAN

A côté des sources littéraires, il faut placer les sources historiques et vivantes des *Lettres Persanes*. Pouvait-il en être autrement, quand les *Lettres* sont un tableau et une critique de l'actualité. Nous nous référons constamment au présent et au passé récent.

La minorité de Louis XIV est connue par les *Mémoires* de Retz publiés en 1717[1] ; dans la lettre 24, Montesquieu parle censément en 1712 de la Constitution autrement dit de la bulle Unigenitus, où Clément XI condamnait cent une propositions des *Réflexions morales sur le Nouveau Testament du père Quesnel*, entachées de jansénisme, mais la bulle ne fut publiée que le 8 septembre 1713. Il y a des allusions aux

1. Voir *Mémoires*, éd. de la Pléiade.

jansénistes, ennemis invisibles de Louis XIV, et aux jésuites, qui ont la confiance du roi. La lettre 37 — la révocation de l'Edit de Nantes en octobre 1685 est rappelée dans la lettre 59 — montre la vieillesse du roi. En 1713, il n'y a pas de ministre de dix-huit ans, mais le 13 novembre 1685 a été nommé secrétaire d'Etat, en survivance avec adjonction, le cinquième fils de Louvois, marquis de Barbezieux, né le 23 juin 1668.

La lettre 92 rappelle que le régent fut pendant la minorité de Louis XV Philippe d'Orléans, né le 2 août 1674, mort le 2 décembre 1723. On sait comment le 2 décembre 1715 le Parlement de Paris cassa le testament de Louis XIV.

La lettre 107 est intéressante, Louis XV, né le 15 février 1710, a sept ans en 1717. S'il était mort il aurait provoqué une guerre générale. Aussi Montesquieu note que sa vie était précieuse. Car les Bourbons d'Espagne conservaient leurs prétentions au trône de France, malgré les renonciations signées par eux.

Il s'attache à l'ambassadeur persan. Mehemet Riza Beg, envoyé du chah Hussein, entra à Paris le 6 février 1715. Il avait un aspect exotique, une allure étrange. Avare et orgueilleux, puis ridicule, il fit en sorte qu'on ne le crût pas véritablement l'envoyé du souverain persan. Saint-Simon raconte dans ses *Mémoires* à l'année 1715 que « Pontchartrain fut accusé d'avoir créé cette ambassade, en laquelle il me parût rien de réel » pour flatter l'amour-propre de Louis XIV.

De même l'ambassadeur d'Espagne, prince de Cellamare, fut arrêté le 9 décembre 1718, puis reconduit à la frontière. Il avait conspiré contre le régent. Montesquieu en parle dans la lettre 126. De même le prince oncle du roi, c'est-à-dire le duc du Maine, fils naturel de Louis XIV et surintendant de l'éducation de Louis XV, entraîné par sa femme dans la même conspiration, fut arrêté le 29 novembre 1718 et enfermé un an au château de Doullens.

L'affaire de Law est traitée dans la lettre 138. Il y eut quatre changements de 1717 à 1720 du système des finances. De 1717 à 1720 le maréchal de Noailles est remplacé par René d'Argenson (28 janvier 1718), ensuite le Conseil des finances qu'il préside est lui-même en septembre et octobre 1718 transformé et diminué. Le 5 janvier 1720 d'Argenson est remplacé à son tour dans la direction des finances par Law, contrôleur général. Law lui-même de mai à décembre 1720 se démet de toutes ses fonctions. Le système de Law fut appliqué dès 1718. La grande crise commença au début de 1720. Le 11 mars 1720, pour donner un peu de valeur aux billets, on annonça que la monnaie d'or cesserait d'avoir cours le 1er mai, la monnaie d'argent à la fin de l'année. On sait que les débiteurs s'empressaient de rembourser leurs créanciers avec du papier très déprécié, mais ayant gardé sa force libératoire. Lisons le *Jour-*

nal de Mathieu Marais, du 25 septembre 1720 [2]. Law tenta des mesures désespérées : il fixa le cours légal des actions, proscrivit le numéraire, ordonna de rapatrier les fonds placés à l'étranger, défendit de fabriquer et de porter des bijoux, réduisit la valeur des billets et des dépôts en banque. Nous trouvons des allusions précises à des événements intérieurs et extérieurs. Le Parlement fut exilé à Pontoise le 21 juillet 1720, parce qu'il refusait d'enregistrer un arrêt du Conseil qui retirait de la circulation 1 200 millions de billets. Néanmoins l'arrêt fut publié et exécuté.

La prise de Temesvar et celle de Belgrade par le prince Eugène eurent lieu le 13 octobre 1716 et le 19 août 1717. Le traité de Passarowitz fut signé le 21 juillet 1718. Nous voyons Charles XII, né le 27 juin 1662 et tué devant Frederikshald le 30 novembre 1718. A ce moment étaient avec lui deux Français, Mégret un ingénieur et Siquier, un aide de camp qui peut-être l'assassina.

Son Premier ministre Georges - Henri de Schlitz, baron de Goertz, fut après la mort de son maître condamné et exécuté en 1719. Car il avait commis, entre autres crimes, celui d'affaiblir la confiance du roi en ses sujets.

Ubrique-Eléonore, reine de Suède, s'associa son époux Frédéric, landgrave de Hesse-Cassel,

2. Mathieu Marais, *Journal et Mémoires*, éd. Lescure, Paris, 1863-1868, 4 vol. in-8°.

le 24 mars 1720. Déjà la reine Christine, fille de Gustave-Adolphe, avait abdiqué au mois de juin 1654.

Presque la seule référence au passé lointain est l'Hospice des Quinze-Vingts fondé vers 1254, par saint Louis, pour trois cents aveugles. Mais Montesquieu ne s'y attarde guère. Il rappelle la dispute à l'occasion du *Discours sur Homère* de La Motte, à qui Mme Dacier ne répondit qu'en 1714 dans ses *Causes de la Corruption du goût*. Il se souvient de ce *Dictionnaire universel* contenant généralement tous les mots français, rédigé par Furetière et publié en 1690, deux ans après la mort de l'abbé, qui coupa l'herbe sous le pied aux académiciens dont le dictionnaire ne parut qu'en 1694 et venait d'être réédité en 1718. Faut-il ne pas retenir le grand démêlé sur la prononciation du *q* qui fut soulevé par Ramus dans ses *Scholas grammaticas* paru à Paris en 1559 dont la seconde édition de 1564 porte le titre Libri II « de veris sonis Litterarum de Sillaborum » ? Ramus et le collège voulaient qu'on fît sentir la lettre *u* après le *q*. La Sorbonne s'y opposait [3]. En 1707 la bibliothèque de l'Abbaye de Saint-Victor très fréquentée déjà devient publique en exécution du testament de Louis Cousin, président à la Cour des Monnaies, et académicien. Il avait légué à l'Ab-

---

3. En 1550 un ecclésiastique fut dépouillé de ses bénéfices par la Sorbonne pour prononcer comme Ramus, mais le Parlement lui donna gain de cause.

baye une rente de 1 000 livres, sa bibliothèque et sa maison. Montesquieu se souvient de ces faits.

Peut-il oublier les origines de la famille de sa femme, à propos des protestants ? La tolérance n'existait guère ; après la mort de Louis XIV les protestants voulurent reprendre leur culte, mais sur la plainte des évêques une déclaration du 14 mai 1724 renouvela l'interdiction des assemblées sous des peines très sévères : les galères perpétuelles pour les assistants, la mort pour les prédicants.

Mais il parle aussi des institutions en particulier. Le portrait des fermiers généraux qu'il donne est vrai jusqu'à La Bruyère et Lesage. Sur vingt-cinq fermiers généraux en 1721, quatre ou cinq sont de basse extraction à en croire le tome I de la *Vie privée de Louis XV* [4], où il est traité des origines, noms, qualités des fermiers généraux depuis 1720 jusqu'en 1751. Par exemple : Bragorne ancien garçon barbier ; Gaillard de la Bouexière « homme de basse extraction qui avait été laquais » ; Texier dont « on assure qu'il a porté la livrée ».

Mais par contre la *grossièreté* n'est pas toujours le fait des fermiers généraux. Tel Héron de Villefosse : « c'était un homme de bonne mine extrêmement poli et généreux ». Tel Lautage de Félicourt : « c'est un homme extrêmement poli et rempli d'éducation ; d'un carac-

4. Londres, 1781, pp. 261 et sqq.

tère doux, son plus grand plaisir est d'obliger,
et il le fait avec des grâces infinies ». Tels encore De la Porte du Plessis et Estienne d'Anguy.

Il est vrai que certains sont grossiers : Bon-
nevie, « bourru, brutal et extrêmement dur,
particulier dans ses manières sans aucune politesse » ; « Gaillard de la Bouexière et Texier,
ceux-là même qui sont soupçonnés d'avoir été
laquais ».

Mais combien Montesquieu pourrait avoir
raison pour la table ouverte, surtout chez la
Porte du Plessis et le Riche de la Poupelinière
dont on dit : « Il a de l'esprit et beaucoup de
monde. Il a assez bonne table où il rassemble
tous les beaux esprits et les gens à talents à
qui il fait du bien par vanité. Quelquefois pourtant il voit la meilleure et la plus agréable
compagnie. Il est fort poli et aimable quand
il n'est pas dans ses jours de caprice. » Nous
trouvons donc vraiment dans les *Lettres Persanes* un tableau vivant de l'histoire contemporaine et, nous le verrons, des mœurs.

CHAPITRE VII

PROMENADE
A TRAVERS LES *LETTRES PERSANES*

STRUCTURE ROMANESQUE
ET STRUCTURE POLEMIQUE

Maintenant que les sources des *Lettres Persanes* sont connues, essayons de voir comment Montesquieu a conçu son sujet et construit ce roman et ce reportage par lettres. En partant de l'inventaire de la matière traitée, nous pourrions aboutir à la connaissance de la structure romanesque et même peut-être de la structure polémique. Mais le mot structure suppose l'idée d'architecture, d'ordre ; ne nous avançons-nous pas trop par rapport aux habitudes de composition du Président, n'a-t-il pas donné dans *L'Esprit des Lois* la preuve de son inaptitude à construire un livre ? Sans doute. Mais une œuvre comme les *Lettres Persanes* a malgré tout, dans le désordre apparent qui semble la caractériser, comme une économie instinctive et vivante, une logique de finesse, qui malgré l'improvisation atteint au but visé, avec des nonchalances, qui sont des artifices. Vivantes, issues de l'observation quotidienne, mais aussi d'une documentation historique et d'une pensée qui se veut profonde et philosophique, ces *Lettres* suivent un rythme non pas logique, mais psychologique et polémique, plutôt senti que réellement concerté par l'auteur.

Un des premiers essais de Montesquieu, dit d'Alembert dans son *Eloge*, « étoit un ouvrage en forme de lettres, dont le but était de prouver que l'idolâtrie de la plupart des Païens ne paraissoit pas mériter une damnation éternelle ». La forme était inédite et commode, l'exemple de *L'Espion Turc* était là pour le prouver [1]. Il est dommage que nous n'ayons pas conservé le premier essai du genre épistolaire entrepris par le Président. Il nous aurait peut-être beaucoup appris, mais ne nous plaignons pas puisque nous avons les *Lettres Persanes*. L'ensemble dans sa forme définitive forme cent soixante lettres. Les huit premières lettres constituent une sorte d'introduction qui est purement romanesque : avec un sens très vif de l'intérêt qu'il peut susciter et de la psychologie de ses lecteurs et plus encore de ses lectrices, Montesquieu nous raconte d'abord le séjour d'Usbek et de Rica à Com et à Tauris, les raisons de leur voyage, ce qu'on dit à Ispahan [2]. Mais Usbek est marié, il a plusieurs

---

1. Les *Lettres d'une religieuse portugaise*, œuvre de Guilleragues, sont un premier exemple au XVIIᵉ siècle.
2. Lettre 1.

femmes, il ne veut pas avoir d'ennuis conjugaux durant son absence, aussi fait-il à son premier eunuque noir toutes les recommandations possibles, en lui indiquant les divertissements qu'on peut leur accorder[3]. Pour nous mieux donner l'atmosphère du harem, Montesquieu imagine qu'une de ces femmes, Zachi, écrit à Usbek pour lui exprimer les cuisants regrets qu'elle éprouve de son départ et évoquer des souvenirs d'amour[4]. L'échantillon n'est pas suffisant. Nous aurons dans la quatrième lettre des plaintes d'un autre genre. Zéphis, presque en déléguée de ses compagnes, proteste auprès d'Usbek contre la tyrannie et les calomnies du Premier Eunuque.

Nous sommes ramenés à des matières plus sérieuses, quand Rustan écrit à Usbek ce bruit qu'on fait à Ispahan son départ et celui de Rica[5]. En attendant nos voyageurs cheminent. Nous apprenons par une missive d'Usbek à Nessir que nos héros sont à Erzeroum. Déjà Usbek sent la nostalgie du pays natal et surtout de ses femmes. Ne voilà-t-il pas du reste Fatmé qui s'avise de la raviver, en lui envoyant une lettre (la septième) toute brûlante de la passion qui la consume en son absence. En attendant Usbek répond à Rustan. S'il a quitté la Perse, c'est qu'il avait des raisons très

3. Lettre 2.
4. Lettre 3.
5. Lettre 5.

sérieuses de le faire. Il était mal en cour et craignait une vengeance et de cruelles représailles (huitième lettre). Mieux vaut prendre le large. Enfin, comme pour mieux fixer l'image de cette Perse que nous quittons, le Premier Eunuque dans sa lettre à Ibbin nous retracera le tableau de sa malheureuse condition, nous décrira la haine que lui inspirent les femmes, la crainte qu'il éprouve dans l'instabilité de la faveur de son maître. Ici brusque changement. A ces préoccupations personnelles vont en succéder d'autres d'une portée plus générale et plus élevée. De la lettre 10 à la lettre 19 nous aurons une série de lettres philosophiques. Mirza l'inaugure dans la dixième en demandant à Usbek quelle est la source du bonheur et Usbek en sage Zadig avant la lettre va lui répondre par une sorte de long apologue inspiré d'Hérodote. C'est l'histoire des troglodytes qui va occuper quatre lettres. Nous apprenons dans la première que l'injustice des troglodytes ou plutôt de leurs ancêtres fut la cause de leur perte. Dans la seconde comment les vertus des nouveaux troglodytes assurèrent leur bonheur. La troisième nous montre que « par leurs vertus, les nouveaux troglodytes heureux au dedans, triomphèrent aussi de leurs ennemis du dehors ». Enfin la quatrième nous les fait voir devenus plus nombreux et se donnant un roi. La leçon morale est contenue dans les faits. Il s'agit de savoir les interpréter. Montesquieu s'est-il rendu compte qu'il risque de lasser l'attention un peu frivole de son public, vite il revient à un sujet plus alléchant. C'est un retour au sérail et une lettre (la quinzième) du Premier Eunuque au jeune Jaron qui accompagne son maître dans son voyage : il lui exprime ses sentiments affectueux et paternels et laisse deviner qu'il se le donnerait volontiers pour successeur. Mais qu'en pense le jeune Jaron ? Montesquieu ne le dit pas. Entre-temps Usbek écrit à Mehemet Ali et lui demande des conseils moraux et philosophiques dans deux lettres dont la seconde, la dix-huitième, amorce déjà un débat cher à la pensée libre du XVIIIe siècle. Qu'est-ce qui fait la pureté ou l'impureté des choses ? La critique religieuse apparaît dans la réponse de Méhemet Ali : il cite son autorité, Mahomet, et il déclare que le cochon, le rat et le chat sont impurs parce qu'ils sont nés parmi les ordures de l'arche de Noé.

Nous avons cependant laissé nos voyageurs en chemin : que deviennent-ils ? Ils progressent bien lentement au pas de leurs chameaux. Pourtant la lettre vingtième parlant du voyage de Tocat à Smyrne nous montre Usbek et Rica en bonne voie. Et c'est même là une occasion pour Usbek de décrire à Rustan la décadence de l'Empire turc, que son patriotisme ne peut pas voir sans plaisir. C'est déjà une aubaine pour le Président, qui montre le bout de l'oreille de l'historien, plus friand d'ailleurs de décadence que de grandeur, comme ses *Considérations sur les causes de la Grandeur des Romains et de leur Décadence* le prouveront. Au moment de quitter l'Asie que peut-il y avoir de plus excitant que de montrer Usbek inquiet de ses femmes ? Ne voilà-t-il pas Zachi qui a commis une faute contre la discipline du sérail. Usbek va écrire deux lettres, une à Zachi, la vingtième, pour la gronder, une autre au Premier Eunuque blanc pour le tancer vertement de sa négligence. Jaron nous donnera dans la lettre 22 la température sentimentale de son maître : il est terriblement jaloux.

Nos voyageurs sont finalement en Europe, ici commence une troisième partie. Usbek envoie de ses nouvelles à Ibben : ils ont séjourné à Livourne, il dit l'impression qu'un mahométan éprouve dans une ville chrétienne. Puis fouette cocher ! Voici Usbek et Rica en route pour Paris.

Il appartient à Rica, plus jeune et moins grave qu'Usbek, de nous donner les premières impressions de la capitale : ce qui l'étonne, c'est la grandeur de Paris, c'est le mouvement des rues. Mais dès cette lettre vingt-quatrième, Montesquieu passe à l'attaque en décrivant la puissance du roi de France et celle du pape ; les troubles provoqués par la Constitution Unigenitus en France, les inquiétudes qu'éprouve Louis XIV. Usbek aussi va écrire à Ibben mais c'est pour lui parler du voyage de Rhédi en Italie et pour lui exprimer à lui, Ibben, son amitié et celle de Rica. Mais le mal nostalgique d'Usbek ne guérit pas, s'il écrit à sa favorite

Roxane une lettre où il souligne le contraste entre les mœurs féminines de l'Orient et celles de l'Occident. Il dit dans la lettre 27 à Nessir que la facilité des communications est grande entre Paris, Smyrne et Ispahan, mais que sa tristesse n'en est pas moins profonde.

Très habilement Montesquieu a donc soutenu la trame de son roman et il peut donner à présent la parole à Rica. Celui-ci va décrire la comédie et l'opéra et citer *in extenso* la lettre d'une actrice. C'est le procédé ingénieux de la lettre dans la lettre, du roman dans le roman. Il revient dans la lettre 29 à un sujet plus austère, mais non moins passionnant pour les contemporains, quand lui, musulman, disserte de l'autorité du pape et des évêques, raconte les controverses religieuses, et s'étonne du traitement des hérétiques. La partie polémique ne perd pas ses droits. On fait mieux qu'entrebâiller la porte pour elle. Mais Montesquieu veut être déjà cosmopolite. Songe-t-il déjà à son grand circuit européen ? Voici que nous avons des nouvelles de Venise et du séjour fort instructif que vient d'y faire Rhédi : « Désormais nous allons passer du grave au doux, du plaisant au sévère. C'est un savant mélange. Rica dans la lettre 32 nous décrit l'Hospice des Quinze Vingts, mais Usbek dans la lettre 33 à Rhédi va l'entretenir de l'usage du vin chez les chrétiens et chez les mahométans, de l'emploi et de l'effet des breuvages pour consoler les hommes. C'est un prélude aux paradis artificiels. Rica fort curieux de la gent féminine va comparer les Françaises et les Persanes pour Ibben. Il note la gravité des Asiatiques, et puis il passe soudain aux effets du commerce des Orientaux avec leurs esclaves. Continuant cette espèce de jeu de bascule Montesquieu fait dans la lettre 35 écrire à Gemchid par Usbek. C'est le grand problème religieux qui se pose, quand il se demande ce que deviendront les chrétiens au jour du Jugement, et qu'il essaie d'établir les rapports du christianisme et de l'islam. Usbek est après cela chargé de nous divertir : la lettre 36 décrit pour Rhédi les cafés de Paris, raconte la querelle au sujet d'Homère et les discussions scolastiques.

Il se fait historien dans la lettre 37 à Ibben pour évoquer la vieillesse de Louis XIV, les contradictions de son caractère et sa magnificence. Il s'agit maintenant de poursuivre la méditation et la controverse philosophique. Rica donne un prologue amusant à la question en demandant à Ibben dans la lettre 38 : Doit-on subordonner les femmes aux hommes ? Des menées antichrétiennes sembleraient se faire jour dans la lettre d'Hagi Ibbi à Ben Josué, où il décrit les miracles ayant accompagné la naissance de Mahomet et autorisé sa mission.

Le sérail est bien loin, pense la lectrice du XVIIIe siècle. Vite que nous le retrouvions, surtout après la lettre d'Usbek à Ibben sur l'insanité des pompes funèbres, des tristesses et des joies humaines. Qu'à cela ne tienne, Montesquieu sait à quel moment il faut couper le courant philosophique et donner le courant romanesque. De quoi nous plaignons-nous ? Voici trois belles lettres, combien croustillantes : Le Premier Eunuque noir fait d'abord part à Usbek de son projet de faire eunuque un esclave qui résiste — cela se comprend ! Ledit esclave, Pharan, écrit à Usbek pour le prévenir du supplice que le Premier Eunuque veut lui infliger par haine. Troisième acte ou plutôt quarante-troisième lettre : Usbek écrit à Pharan pour lui accorder sa grâce. Quelle joie pour les lectrices et pour les lecteurs qui n'étaient pas en cause, mais suivirent haletants les péripéties de ce petit drame miniature. Après cela on peut bien prendre un comprimé de morale, ou plutôt Usbek l'administre à Rhédi en lui montrant la supériorité que les Français de tout acabit s'attribuent, et la vanité semblable des autres hommes. Est-ce un exemple concret que nous fournit la lettre 45 de Rica à Usbek sur les folies d'un alchimiste ? Pourquoi pas, et vite entre deux histoires une lettre métaphysique ; il faut bien prendre médecine. Décidément Usbek est tourmenté de religion : en quoi consiste l'essence de la religion ? demande-t-il à Rhédi dans la lettre 46, et d'adresser une belle prière à Dieu.

La virtuosité de Montesquieu tient du prodige, quel prestigitateur et quel tapis volant ! Un parfum d'Orient et de femme après l'odeur d'encens : Zachi décrit en long et en large à

Usbek un voyage de ses femmes (48ᵉ lettre).
Usbek ne lui répond pas, le vilain, sans doute
parce qu'il n'est pas content. Mais il se met
en frais pour Rhédi, qui a droit à la description de la société mondaine, à l'envoi des portraits d'un financier, d'un directeur, d'un poète,
d'un vieil officier, d'un homme à bonnes fortunes. Jeu de massacre ? Oui, mais la balle est
bien placée. Elle démolit. Décidément, la religion sera-t-elle notre fil conducteur ? Il le semblerait puisque la lettre 49 nous parle de l'hospice que les capucins voudraient fonder en
Perse. Que dit Usbek de cette nouvelle de Rica ?
Rien de bon, je présume — Rica, plus badin,
subit-il cependant la contagion d'Usbek ? Voilà
que lui aussi se met à moraliser. Il nous régale
d'une lettre sur la modestie et sur l'impertinence de la vanité (lettre 50). Après quoi plions
bagage et allons en Russie. Ou plutôt Nargum y
est allé pour nous et pour Usbek à qui il décrit
la Moscovie, communique la lettre d'une dame
moscovite qui voudrait être fouettée par son
mari, et explique la tyrannie du czar.

De la lettre 52 à la lettre 58, nous allons fran-
chement nous amuser. Voici un air de Paris,
ou plutôt de vieux tableaux, les portraits de
vieilles coquettes. Une nouvelle croustillante
donnée par Zélis à Usbek : le mariage blanc
d'un eunuque blanc. Un son de grelots ou un
cliquetis, la conversation de deux beaux esprits.
Une lettre alléchante, la cinquante-cinquième,
de Rica à Ibben sur les rapports des époux en

France. Lettre que l'on comprend mieux et qu'on savoure davantage quand on passe à la suivante sur les joueurs et les joueuses ou à la cinquante-septième sur les religieux, les confesseurs et les casuistes. Montesquieu malgré les interruptions voulues poursuit son étude de la religion. Rica peut bien enfin parler à Rhédi de la diversité des industries à Paris et à Usbek de l'esprit chagrin des vieillards et de la relativité des jugements des hommes. Nous revenons à l'éternel sujet quand Usbek parle à Ibben du caractère des Juifs, de leur religion, des suites funestes de l'intolérance et à Rhédi, des avantages, des inconvénients et des dangers de l'état ecclésiastique. Il s'agit cependant de bien opposer les femmes de l'Orient à celles de l'Occident. Qu'à cela ne tienne. Zélis fait un pensum pour Usbek dans la lettre 62 sur l'éducation des filles et la condition des femmes en Orient, et Rica va lui donner le second terme de la comparaison en vantant les charmes de la société française : en décrivant le caractère des femmes et le badinage qui leur plaît, n'est-ce pas la meilleure façon de plaider l'émancipation de la femme en Orient ? Et cela ne frappe-t-il pas encore davantage le lecteur français quand par les lettres 64 et 65 nous retournons au sérail : le chef des eunuques noirs fait part à Usbek des désordres qui se produisent dans son sérail, et par opposition il brosse le tableau d'un sérail bien administré qui veut une discipline sévère. Usbek du coup écrit à

ses femmes, en proférant toutes sortes de me-
naces pour le cas où elles ne se conduiraient
pas mieux. Pour changer d'atmosphère la parole est à Rica. Il parle de la fureur des Français à faire des livres trop souvent inutiles et
dans la lettre 67 Ibben vantera à Usbek les
charmes de l'amitié, en donnant comme épisode, le quatrième de notre roman après les
troglodytes, la lettre d'une actrice et celle d'une
Moscovite, l'histoire d'Aphéridon et d'Astarté.
Cependant le mouvement ternaire, étude des
mœurs, philosophie et nouvelles du sérail, se
poursuit, voici dans la lettre 36 stigmatisées
par Rica la légèreté et l'ignorance des magistrats. Usbek, lui, entraîne de plus en plus Rhédi
sur les hauteurs ; en traitant de l'incompréhensi-
bilité de la nature de Dieu, et en se demandant
si la prescience de Dieu est compatible avec le
libre arbitre de l'homme. Et voici la Perse et
le harem. Zélis rapporte dans la lettre 70 à
Usbek le scandale qui s'est produit au mariage
de Suphis, mais Usbek souligne dans sa réponse pour la plus grande joie des lectrices
françaises, partie intéressée, les incertitudes des
preuves de la virginité. Puis viennent trois attaques rapides. Un portrait du décisionnaire, une
satire des ridicules de l'Académie par Rica, une
sortie d'Usbek sur la fausse et vraie dignité des
grands. Toujours féru de philosophie, celui-ci
nous dit dans la lettre 75 l'inconstance des
principes professés chez les chrétiens tant par
les particuliers que par les princes et soulève

la question du suicide injustement puni. Montesquieu a senti sa hardiesse, il charge Ibben de lui donner les raisons pour lesquelles le suicide peut être puni. Et brusquement encore nous plions bagages. Montesquieu fait une visite de voisin à l'Espagne avec Mme d'Aulnoy. C'est la lettre d'un Français sur les Espagnols et sur les Portugais et le jugement qu'un Espagnol en revanche porterait sur les Français. Essai d'ethnologie comparée suivi d'une nouvelle agréable pour Usbek : le Grand Eunuque noir lui a acheté une Circassienne mais Usbek ne manifeste pas sa joie. Il est tout à un grave problème que, par désir de le souligner, Montesquieu place après : ce sont les avantages de la douceur et les inconvénieuts de la sévérité des peines [6], mais comme pour mieux nous dérouter après cela Nargum, poursuivant ses voyages, décrit à Usbek l'immensité des conquêtes mal connues des Tartares. Rica amuse Ibben par les portraits des gens taciturnes et des diseurs de riens. Telle n'est pas l'intention d'Usbek, qui parle à Rhédi dans la lettre 83 des caractères de la justice indépendante de Dieu et innée dans l'homme. Rica décrit-il l'Hôtel des Invalides, il traite, lui, pour Mirza, de la multiplicité des religions dans un Etat. De la lettre 86 à la lettre 90 nous aurons une série de lettres sur la société. Rica étudie l'intervention des tribunaux dans les affaires intimes des

6. Cf. Beccaria, *Traité des délits et des peines*, paru en 1764.

familles, dans la lettre 87 il nous dira la socia-
bilité des Français, fera le portrait du visiteur,
et nous donnera son épitaphe. Sans cesser de
montrer son esprit philosophique Usbek redes-
cendra un peu sur terre pour comparer les
grands seigneurs français et les grands seigneurs
persans. Il expliquera dans la lettre 89 à Ibben
l'influence que le sentiment de l'honneur peut
avoir en Occident et en Orient, dans la lettre 90
il soulignera le conflit existant en France entre
le point d'honneur et la loi pénale. Il va avoir la
vedette pendant un certain temps, décrivant à
Rustan un ambassadeur de Perse à Paris, à
Rhédi les événements qui se sont produits à la
mort de Louis XIV. Mais la réalité historique
ne lui fait pas oublier la morale et la philosophie. Le leitmotiv de la religion revient pour
une comparaison de l'austérité des santons et
de celle des ermites (lettre 93). Puis celui du
droit. Deux lettres préparent *L'Esprit des Lois*.
Après avoir dénoncé à Rhédi la corruption du
droit public, il pose pour le même les principes
et les sanctions du droit public véritable. Un
intermède rapide sera fourni par la lettre 96
où le Premier Eunuque annonce l'achat d'une
femme jaune, disserte sur la discipline des
sérails et souligne la nécessité du retour d'Usbek. Usbek n'a pas l'air de comprendre, tout
perdu qu'il est dans ses méditations. Le voici
lancé pour Hassein en pleine métaphysique
quand il lui montre la simplicité de la mécanique par laquelle les philosophes expliquent

le monde ; et tout en louant la fécondité de leurs principes, il lance une pointe acérée contre l'abus du style figuré dans le Coran qui par ricochet atteint l'Ancien et le Nouveau Testament. Nous voici arrivés enfin à la lettre 100. Il redescend un moment sur la terre pour dire l'inconstance de la fortune des financiers en France. Mais il préfère céder la parole à Rica, qui a des lumières sur l'inconstance des modes et des mœurs en France ; il en fait part à Rhédi en lui signalant dans la lettre qui suit les emprunts que les Français font et ne font pas aux étrangers. Mais dès la deuxième partie de cette lettre 100, nous revenons à la question du droit public et privé puisqu'il y accuse l'origine étrangère, la complication et les défauts de leurs lois. Il faut enfoncer le clou petit à petit et Montesquieu tape alternativement sur deux clous : après celui du droit, c'est celui de la religion, dans la lettre 101 où Usbek nous relate le mandement d'un évêque sur la Constitution Unigenitus. Voici maintenant les définitions des différentes sortes de pouvoir, celles qu'on verra développées dans L'Esprit des Lois. Usbek décrit à Ibben les Etats de l'Europe, le pouvoir illimité des princes en Perse, les limites par contre du pouvoir du roi de France. Une conséquence du pouvoir tyrannique, Usbek va la montrer dans la lettre 103. C'est l'isolement des princes d'Orient sur leurs trônes. En opposition, et par là Montesquieu introduit l'idée de la royauté britannique dont la fortune devait

être si considérable, Usbek dans une troisième
lettre, la cent-quatrième, résumera les idées des
Anglais sur les droits du prince. Les semences
sont jetées, le sillon s'est refermé. Rhédi va nous
faire changer de registre, en citant à Usbek les
inconvénients de la culture des sciences et des
arts en Occident. Mal lui en prend. Usbek,
converti au progrès, à la culture occidentale,
va lui opposer dans la lettre 106 les avantages
de la culture des sciences et des arts en Occident, il exaltera l'activité qu'elle cause à Paris
et aura des mots accablants pour la faiblesse
des Etats sans industries.

Nous avons droit à une récréation. Rica la
donne à Ibben et à nous-mêmes, en racontant
la jeunesse de Louis XV, en décrivant l'action
des confesseurs et des maîtresses des rois d'Occident, l'influence des femmes en France. Usbek,
lui, s'occupe un instant de littérature en cri-
tiquant les comptes rendus des livres dans les
journaux. Rica renchérit dans la lettre 109 en
se moquant des minuties qui accaparent l'Université de Paris et les grands corps en général.
Ne semble-t-il pas les mettre en parallèle avec
les soucis des jolies femmes dont il nous entretient après ?

Usbek est-il fatigué de philosopher quand
dans la lettre 111 il nous parle du succès des
Mémoires sur la minorité de Louis XIV et cite
le discours d'un général de Paris ? Nous ne
perdons rien pour attendre. C'est Rhédi qui
provoque le retour aux sages et profondes pen-

sées dans la lettre 112 en décrivant la dépopulation de la Terre. Voilà notre Usbek relancé : nous aurons droit, de la lettre 114 à la lettre 122 comprise, à un cours de philosophie sociale. Quel sociologue que notre Persan ! Les dissertations se succèdent, implacables. D'abord les causes morales de la dépopulation de la terre, et lui, le mahométan polygame, s'en prend aux effets de la polygamie. Puis il montre quel parti les Romains savaient tirer de leurs esclaves pour la population. C'est l'occasion de détruire la conséquence dans la lettre 116, à savoir l'indissolubilité du mariage sur la population. Mais comment résister au plaisir de faire coup double ? Le Président y peut-il manquer ? Dès la lettre 117, il traite de l'influence du célibat des prêtres sur la population et cite les avantages du protestantisme. Le coup est porté. Il peut considérer le problème d'un autre point de vue. Il étudie l'influence de la traite des Noirs sur la population. Puis il revient à son thème favori, c'est l'influence des idées religieuses sur la population. Puis à la lettre 120, celle des mœurs des sauvages sur la population et pour terminer viennent deux lettres : la lettre 121 consacrée à l'influence des colonies sur la population et la lettre 122 traitant de l'influence des conditions économiques et politiques sur la population. Nous ne crions pas grâce. Mais Usbek choisit lui-même un autre sujet. Il reprend le thème de la décadence des Turcs pour parler à Méhemet Ali des désastres des Osmanlis, puis à Rhédi il fera part de ses impressions sur les libéralités des princes envers leurs courtisans. Rica éprouve à son tour le besoin de prendre la plume, sous l'influence de Paris et des récompenses présentes il parlera de la difficulté de concevoir des récompenses futures. Il se fait ensuite historien dans deux lettres pour l'expulsion du prince de Cellamare et l'arrestation du duc du Maine, la mort de Charles XII et le procès du baron de Goertz. Il en tire une conclusion morale et politique : la fâcheuse influence des ministres sur les princes.

Le voici ensuite redevenu portraitiste et peintre avec le portrait du géomètre, la conversation du café qu'il raconte, et critique littéraire avec son jugement sur la valeur des traductions. Il amorce ainsi le grand thème littéraire que nous allons trouver après. Pour le moment Usbek redevient juriste : il répète à Rhédi que la plupart des législateurs n'ont pas été à la hauteur de leur tâche, il traite de la rédaction et de la modification des lois et de l'utilité de la puissance paternelle. Un tableau de mœurs succède dans la lettre 130. Rica raille l'impertinence des nouvellistes, parle des lettres de l'un d'eux, de leurs paris, de leurs ouvrages, de leurs conférences : il a à son tour la faveur d'une lettre de Rhédi qui fait l'histoire des républiques et des Etats libres. Mais Rica doit revenir au grand thème littéraire qu'il a amorcé ; après l'instabilité des fortunes en France qu'il considère d'un œil de moraliste dans la lettre 132, nous aurons une série de cinq lettres où il conte sa visite à une bibliothèque publique, ce qui lui permettra de passer en revue les livres de théologie, ceux de littérature et de science, ceux d'histoire et ceux de poésie. Puis nous aurons un peu en coup de bombe les effets du système de Law, les abdications de deux reines en Suède et les remontrances des parlements, mais Rica estime qu'il a bien le droit après cela de se raconter et de raconter à Usbek une histoire : celle d'*Ibrahim et d'Anaïs* qui forme le sixième épisode de notre roman par lettres. Nous allons avoir coup sur coup « la lettre du savant » suivie d'un « fragment d'un ancien mythologiste », admirable portrait digne de La Bruyère et le final du leitmotiv religieux, quand Rica dans la lettre 143 parle de Nathanaël Lévi de la vertu des amulettes et des talismans et donne la lettre d'un médecin de province, septième épisode. Admirez l'astuce du Président qui fait parler Rica et non Usbek, mais celui-ci plaque un dernier accord de morale, en montrant à Rica la supériorité de la modestie sur la vanité, et dans la lettre 145 il y a le dernier accord de l'historien : la démoralisation que le système de Law a produite en France.

Désormais aux deux grandes parties qui ont précédé va succéder une troisième, le dénouement, nous retombons en plein roman persan, comme nous avons commencé en plein roman persan. Comme les événements se précipitent et comme Usbeck a eu tort de ne pas écouter

l'avertissement donné au milieu des *Lettres
Persanes* ! Les lettres vont bon train ! Le Premier Eunuque dit à Usbek les discordes que son
absence a produites dans son sérail. Celui-ci
l'autorise à sévir. Mais le Premier Eunuque
meurt. Narsit lui succède à qui le même ordre
est répété. Le sérail est dans un état déplora-
ble, écrit Solim, Narsit, lui, veut croire à la
fidélité des femmes et des esclaves d'Usbek ;
une de ses lettres se perd. Usbek donne à Solim
l'ordre de sévir ; il écrit à ses femmes le pouvoir dont Solim est investi. Usbek dit à Nessir
son désespoir, prépare son retour et sa vengeance ; et puis voici pour finir les femmes qui
se plaignent : Roxane parle de l'abus de pouvoir de Solim, Zachi se plaint du châtiment
qu'on lui a infligé, Zélis de l'outrage qu'elle a
reçu. Dans cette atmosphère savamment enfié-
vrée éclate le coup terrible : Solim apprend à
Usbek l'adultère de Roxane et prépare une ré-
pression sanglante. Enfin le coup de grâce, le
coup de poignard : avant de mourir Roxane dit
à Usbek ses véritables sentiments pour lui.

Par cette analyse que nous avons voulu complète, nous voyons mieux l'habileté, la virtuosité instinctive du Président. Essayons maintenant de voir la structure de l'ouvrage. Nous
pouvons distinguer dans les *Lettres Persanes*
trois grandes parties [7] : le départ et le sérail,

---

7. On peut avec P. Barrière dégager le plan suivant :
1° La psychologie de l'eunuque et du sérail forme le fond

le voyage en Europe, le retour au sérail et le drame sanglant et oriental, l'opposition savante entre un Usbek philosophe et un Usbek sanguinaire et despote est préparée, ménagée de main de maître avec une ironie cinglante. Le roman par lettres qu'on semblait oublier par-

de l'intrigue : lettres 2 à 18, 20, 34, 53, 64, 67, 96, 148 à 161.

2° Le problème religieux auquel sont consacrées les lettres 29, 35, 39, 46, 49, 57, 60, 61, 69, 75, 83, 85, 93, 101.

3° La question politique, gouvernement et institutions annonçant *l'Esprit des Lois* : 11 à 14, 80, 89, 94, 95, 100, 102 à 104, 107, 112 à 122, 124, 126, 127, 131, 138, 140, 146, avec des problèmes corollaires et secondaires : la loi morale et la vertu ; la vie intellectuelle et littéraire ; la vie féminine et mondaine.

P. Barrière établit assez ingénieusement la suite des idées : Introduction (1-23). Le départ, le problème de la loi morale qui est à la base de tout jugement humain.

I) (24 à 63)

a) Connaissance extérieure de la vie de Paris : Tableau de la société. Types humains, Problèmes d'ordre moral.

b) Autres sociétés : Venise, la Russie, les Juifs.

c) La vie au sérail : les femmes, leurs désordres, les eunuques.

II) 64-96)

a) Institutions et problèmes dans la société française. Problèmes intellectuels, sociaux, politiques et juridiques.

b) Autres sociétés : Espagne et Portugal. Tartarie.

c) Le sérail, les eunuques.

III) (97-146)

a) Critique de l'état social et politique.

b) Science et philosophie.

c) Grands principes de philosophie sociale. La population et le gouvernement.

d) Défauts de l'esprit humain.

Conclusion (147-161) : Le drame du sérail.

Ce plan nous satisfait-il ? Il y a du désordre (les lettres 130 et 142 seraient aussi bien au début). Mais le développement est progressif concernant l'importance et le sérieux des ques-

116

fois ne perd pas ses droits. Le caractère essentiel de la structure romanesque reste la *variété* :
ne pas fatiguer le lecteur, l'amuser et l'instruire. Les procédés du roman et du roman par
lettres, lettres épisodes, portraits, ne sont pas
oubliés, contes orientaux, récits historiques,
tableaux de mœurs, rien n'est omis. Voyez avec
quelle adresse dans la deuxième partie, la plus
importante comme de juste, Montesquieu dis-
perse et répartit sa matière ; malgré deux ou
trois groupes massifs, l'histoire des Troglodytes,
la sociologie politique, la littérature, la religion,
il prend soin de ménager les relais et les étapes.
Il donne aux lettres une structure polémique
qui doit porter, spécialisant ses épistoliers l'un
dans le sérieux, l'autre dans le badin, il inter-
vertit les rôles, accorde des relais, des récréa-
tions, donne le prélude d'un air qui sera pour-
suivi plus loin, dans toute son ampleur, pour
trouver enfin un final. Il sait où il va, il sait
doser. Il fait de savants mélanges. A peine a-t-il
frappé un coup, qu'il s'arrête. C'est le procédé
des coups alternés. Les clous entrent et l'édi-
fice se construit. Les grandes leçons religieuses,
politiques, sociologiques sont données ainsi
avec habileté et presque sans fatigue, la diversité même des personnages qui surgissent nous
empêche de la sentir, comme les voyages en
Turquie, en Espagne, en Tartarie, en Russie

tions traitées ; au début c'est le chroniqueur, ensuite c'est
le philosophe qui parle.

auxquels on nous invite. En réalité ce manque de composition, cet oubli de la structure romanesque ordinaire dans la grande et essentielle partie sociale sont dus à l'élaboration d'une structure polémique, faite de tactique, d'atermoiements, de grands coups assénés et de reculs savants et stratégiques. Ce sera le grand art de Voltaire [8].

Sans doute a-t-il essayé par la suite d'atténuer la portée de ses attaques et lui-même se fait-il illusion dans la Pensée 111 (III, 2032) : « On ne peut guère imputer aux *Lettres persanes* les choses que l'on prétend y choquer la religion. Ces choses ne s'y trouvent jamais liées avec l'idée d'examen, mais avec l'idée de singula-

---

8. Montesquieu s'est jugé lui-même et n'est pas peu fier de son travail.

Pensée 886 II, 1533 : « Voiture a de la plaisanterie et il n'a pas de gayeté. Montaigne a de la gayeté et point de plaisanterie. Rabelais et le *Roman comique* sont admirables pour la gayeté. Fontenelle n'a pas plus de gayeté que Voiture. Molière est admirable dans l'une et l'autre de ces qualités, et les lettres provinciales aussi. J'ose dire que les *Lettres persanes* sont riantes et ont de la gayeté et qu'elles ont plu par là. »

Pensée 892, II, 1621 : « Autrefois, le style épistolaire étoit entre les mains des pédants qui écrivaient en latin. Balzac prit le style épistolaire et de la manière d'écrire de ces gens là. Voiture s'en dégoûta et, comme il avait l'esprit fin, il y mit de la finesse et une certaine affectation qui se trouve toujours dans le passage de la pédanterie à l'air et au ton du monde. M. de Fontenelle, presque contemporain de ces gens-là, mêla la finesse de Voiture, un peu de son affectation, avec plus de connoissances et de lumières et plus de philosophie. On ne connoissoit point encore Mᵐᵉ de Sévigné. Mes *Lettres Persanes* apprirent à faire des romans en lettres. »

rité ; jamais avec l'idée de critique, mais avec
l'idée d'extraordinaire, c'était un Persan qui
parloit et qui devoit être frappé de tout ce qu'il
voyoit ou de tout ce qu'il entendoit. Dans ce
cas, quand il parle de religion, il n'en doit pas
paroître plus instruit que des autres choses,
comme des usages et des manières de la nation,
qu'il ne regarde point comme bonnes ou mauvaises, mais comme merveilleuses. Comme il
trouve bizarres nos coutumes, il trouve quelquefois de la singularité dans certains de
nos dogmes, parce qu'il les ignore et il les
explique mal, parce qu'il ne connaît rien de
ce qui les lie et de la chaîne où ils tiennent.
Il est vrai qu'il y a quelque indiscrétion à
avoir touché ces matières, puisque l'on n'est
pas aussi sûr de ce que peuvent penser les
autres que de ce qu'on pense soi-même. »

D'autre part attitude et structure correspondant bien à l'évolution de Montesquieu qui,
jeune provincial, vient à Paris. N'est-ce pas la
donnée des *Lettres* ? Désordre provoqué dans
la famille par ce départ, médisances et calomnies, intrigues autour de la femme demeu-
rée seule, étonnement du jeune provincial en
contact avec une société nouvelle. Les *Lettres*
sont situées entre 1709-1720, lors des premiers
séjours de Montesquieu à Paris, quand il se perfectionne dans le droit et la connaissance du
monde. L'étonnement des premiers jours disparaît peu à peu pour faire place à l'observation juste et profonde. Dans la lettre 63, Rica

déclare : « Mon esprit perd insensiblement tout ce qui lui reste d'Asiatique... Je ne suis pas étonné. » C'est la fin d'une étape, l'achèvement de la jeunesse.

Pourtant le philosophe pointe. L'abbé Molinié avait écrit après les *Lettres Philosophiques* cette définition du philosophe que nous pouvons appliquer à Montesquieu, celui des *Lettres Persanes* : « Qu'est-ce qu'un *philosophe* ?... C'est une espèce de monstre dans la société qui ne doit rien aux mœurs, aux bienséances, à la politique, à la religion : il faut s'attendre à tout de la part de ces messieurs-là. » Qu'il le voulût ou non, Montesquieu remplissait déjà ces fonctions.

CHAPITRE VIII

L'ORIENTALISME
DES *LETTRES PERSANES*

On nous a souvent répété que la couleur locale, l'exotisme évocateur, l'expression exacte des mœurs étrangères n'étaient pas le fait de l'école classique et post-classique et qu'il fallait attendre le romantisme pour voir un souci de ce genre recevoir pleine et entière satisfaction. Sans doute nous avons été gâtés par les prestigieuses images d'un Chateaubriand, du Victor Hugo des *Orientales* et de *La Légende des siècles*, du Loti de *Vers Ispahan* et des *Désenchantées*, et Paul Martino dans sa belle thèse sur *l'Orient dans la Littérature française* [1] a admirablement montré cette progression dans l'exact et le vrai, après la présentation de sultanes et de sultans qui se trouvaient plus à l'aise dans les jardins de Versailles que dans les cours mosaïquées de bleu turquoise aux fontaines jaillissantes d'un palais de l'Islam. Et pourtant en étudiant l'orientalisme avant Montesquieu nous avons bien été obligés de convenir que

1. Paris, 1 vol. in-8°.

la bonne volonté ne manquait pas, ni souvent même la science, et qu'en particulier un Rycaut, un Chardin, un Tavernier permettaient par leurs relations historiques et géographique de bien voir un Orient étrange et multicolore. Le jeune provincial Montesquieu, qui nous retrace au fond dans les *Lettres Persanes* l'histoire de sa propre expérience intellectuelle et morale, quand sorti de son Midi il s'apprivoise de plus en plus à l'atmosphère et aux idées du Paris de Louis XIV et de la Régence, laissant sa jeune femme au foyer, dans les intrigues de son entourage, ce jeune Président rêve aussi peut-être d'aller plus loin que la capitale de la France qu'il connaît déjà, et il n'est pas défendu d'imaginer que la recherche d'un Orient encore mystérieux est pour lui un prétexte à évasion, à un voyage fait sur cartes et sur livres, en sens inverse d'Usbek et de Rica, et qui le porte dans l'âme, les coutumes, les mœurs, la religion d'un peuple attirant, parce que lointain. Dès lors nous nous expliquons mieux le soin, la recherche qu'il a apportés dans ses peintures des hommes et des lieux, dans la précision de simples détails qui à ses yeux ont leur importance. A-t-il réussi, c'est ce que notre étude tâchera de savoir. Mais d'abord remarquons que Montesquieu nous fait sortir de l'Orient pour nous y ramener. Le harem et la Perse sont la porte d'entrée et de sortie, le meilleur de l'intrigue romanesque. Or Montesquieu n'a pas impunément reçu une forma-

tion classique. Il n'oubie pas qu'il écrit en
français pour des Français et qu'il ne s'agit pas
de les dérouter. Certaines expressions du Coran
traduit par Du Ryer ou des *Mille et une nuits*
traduites par Galland ont pu paraître bizarres,
barbares, il n'essaiera pas de les reproduire,
et d'ailleurs il ne sait pas le persan, encore
qu'il se donne pour orientaliste dans la préface.
Montesquieu sacrifie donc aux convenances classiques (rappelons-nous dans la querelle d'Homère la discussion à propos du porcher Eumée)
et il n'aura pas d'innovations stylistiques, comme
il nous en prévient dans la préface : « Je ne
fais donc que l'office de traducteur : toute ma
peine a été de mettre l'ouvrage à nos mœurs.
J'ai soulagé le lecteur du langage asiatique autant que je l'ai pu, et l'ai sauvé d'une infinité
d'expressions sublimes, qui l'auroient ennuyé
jusques dans les nues. » Cette réserve n'est pas
simplement formulée pour le style. Elle s'étend
au comportement général et extérieur de ses
Persans : « Mais ce n'est pas tout ce que j'ai
fait pour lui, continue-t-il. J'ai retranché les
longs compliments, dont les Orientaux ne sont
pas moins prodigues que nous, et j'ai passé un
nombre infini de ces minuties qui ont tant de
peine à soutenir le grand jour, et qui doivent
toujours mourir entre deux amis » [2].
 Ceci dit, il a donné un léger saupoudrage
oriental au style, qui reçoit ainsi, comme une

2. *Œuvres complètes*, Pléiade, t. I, et éd. L. Versini, p. 74.

étiquette, un brevet d'orientalisme. D'abord dans la façon de dater les lettres. N'oubliant pas que l'année des mahométans est lunaire et se compose de 354 jours et 9 heures à peu près, il fera défiler sous nos yeux les mois islamiques. Le Tauris, le 15 de la lune et de Saphar, d'Erzeroum, le 11 de la lune de Gemmadi à Paris, le 25 de la lune de Zilcadé ; mais la prudence se marque jusque dans la date de l'année. Ces musulmans n'écrivent point la date de l'année à partir de l'Hégire ou naissance du Prophète, mais par une étrange contradiction d'après l'ère chrétienne. Nous allons ainsi de 1711 à 1720. C'est évidemment plus commode pour le lecteur français qui suit mieux ainsi les événements. Parfois, la suscription de la lettre révèle un souci de couleur locale, mais combien générale et atténuée. Ainsi la lettre 18 émane de Méhemet Ali, serviteur des Prophètes, la lettre 35 est adressé par Usbek à Gemchid, son cousin, dervis du brillant monastère de Tauris. En principe, quand il s'adresse ainsi par le truchement de ses Persans à des dignitaires religieux de l'Islam, Montesquieu se met davantage en frais. Il s'essaie à parler en style coranique, mais sans étendre son audace plus loin ; on aboutit ainsi plus ou moins au style pseudo-oriental qui sera cher à Crébillon fils, ou à Voltaire, encore que les noms propres, et certaines allusions plus précises, produisent de l'effet. La lettre 16 est caractéristique à cet égard. Le premier paragraphe nous paraît manqué : « Pourquoi vis-tu dans les tombeaux, divin Mollak ? Tu es bien plus fait pour le séjour des étoiles. Tu te caches sans doute de peur d'obscurir le soleil. Tu n'as point de taches comme cet astre ; mais, comme lui, tu te couvres de nuages. » Voici pourtant qui est mieux : « Ta science est un abyme plus profond que l'Océan ; ton esprit est plus perçant que Zufagar, cette épée d'Ali qui avoit deux pointes ; tu sais ce qui se passe dans les neuf chœurs des Puissances célestes ; tu lis d'Alcoran sur la poitrine de notre divin prophète, et, lorsque tu trouves quelque passage obscur, un ange, par son ordre, déploye ses ailes rapides et descend du Trône pour t'en révéler le secret. » Là s'arrête toute la couleur du style, et en particulier les lettres d'amour du sérail ne contiennent rien qu'une femme passionnée et quelque peu débordante de nos salons du XVIIIe siècle n'aurait pu signer.

Il désignera les moines français par le mot dervis et ainsi de suite. Mais cela ne va pas bien loin. Zélide a un nom francisé. La légende pure se développe dans la lette 141 qui nous raconte l'histoire d'Ibrahim et de Zuléma.

En réalité, plus que l'orientalisme de la forme, Montesquieu a d'abord voulu la couleur historique. Nous savons combien sa documentation a été consciencieuse. Mais il ne s'est pas agi pour lui de faire parade de son savoir. Il a dû choisir. Ainsi nos lettres commencent par une allusion historique, inexacte au demeurant, mais qui nous met dans l'asmosphère : « Lorsque nous eûmes fait nos dévotions sur le tombeau de la Vierge qui a mis au monde douze prophètes, écrit Usbek à Rustan, nous nous remîmes en chemin. » Ce qu'il dit d'événements ayant pris place sous le règne de Chah Abbas, à propos de transferts de populations et de tolérance religieuse, la lettre sur la décadence de l'Empire ottoman marquent le désir de donner un cadre historique, ou tout au moins de relier le passé au présent. Et c'est à la fois la légende et l'histoire, unies dans la poésie, qui nous retracent dans la lettre 39 la naissance de Mahomet : « Il n'y rien de si merveilleux que la naissance de Mahomet... Il vint au monde circoncis, et la joye parut sur son visage dès sa naissance... Selon le témoignage d'Isben Aben historien arabe, les générations des oiseaux, des nuées, des vents, et tous les escadrons des anges, se réunirent pour élever cet enfant et se disputèrent cet avantage. Les oiseaux disaient dans leurs gazouillements, qu'il était plus commode qu'ils l'élevassent, parce qu'ils pouvoient plus facilement rassembler plusieurs fruits de divers lieux. Les Vents murmuroient et disoient : " C'est plutôt à nous, parce que nous pouvons lui apporter de tous les endroits les odeurs les plus agréables " »[4]. Qu'y a-t-il cependant ici que nous ne puissions trouver dans l'un de nos contes de fées de Perrault ou plus encore de

4. *Ibid.*, pp. 143-144.

Mme Le Prince de Baumont ou de Mme d'Aulnoy ? Mais voici les événements, exacts, historiquement avérés, la lettre 85 nous en donne un exemple : « Tu sais, Mirza, écrit Usbek, que quelques ministres de Chah Soliman, avaient formé le dessein d'obliger tous les Arméniens de Perse de quitter le royaume ou de se faire mahométans, dans la pensée que notre empire seroit toujours pollué tandis qu'il garderoit dans son sein ces infidèles... On ne sçait comment la chose manqua : ni ceux qui firent la proposition, ni ceux qui la rejetèrent, n'en connurant les conséquences ; le hasard fit l'office de la raison et de la politique et sauva l'Empire d'un péril plus grand que celui qu'il auroit pu courir de la perte d'une bataille et de la prise de deux villes » [5].

Mais plus encore que la couleur historique, la couleur ethnique, c'est-à-dire les mœurs et les habitudes, la religion, les institutions, la psychologie humaine, a retenu l'attention de Montesquieu. Les mœurs, dirions-nous, les habitudes, nous ne les voyons guère. Est-ce que nous revivons des scènes de la rue, est-ce que nous sommes introduits dans le palais du chah ou bien suivons-nous comme Chardin et Tavernier quelques-unes de ces caravanes d'Arméniens qui vont commercer dans la Caucase, en Asie Mineure et en Tartarie ? Mais voici le mariage musulman, la femme qui ne veut pas se don-

5. *Ibid*.

ner. En fait Montesquieu a préféré spécialiser son étude des mœurs, il l'a centrée sur le sérail. Le sérail, voilà ce que nous allons connaître à fond dans ses détours les plus secrets, dans ses détails les plus attirants pour les lecteurs français. Montesquieu a fait son calcul. De quoi servait de reprendre dans leur ensemble ce que Chardin et Tavernier avaient déjà si bien décrit ? Au contraire n'était-il plus nouveau, plus hardi de pénétrer dans des lieux interdits jusque-là à la curiosité de l'Européen, de lui en faire savourer le spectacle ? Avec quelque complaisance le président va nous montrer les regrets d'un grand seigneur comme Usbek obligé de quitter ses femmes. Nous savons qu'il règne en maître absolu sur son harem, qu'il y compte des favorites et une grande favorite, Roxane, que l'administration du harem, la direction technique si l'on peut dire, est assurée par des eunuques blancs et noirs, ayant à leur tête un grand eunuque, qui y règne en maître après Usbek. La vie du harem, de ces femmes livrées à la fois à l'oisiveté et à l'amour, avec pour règle la claustration et de rares promenades, des voyages encore plus rares, nous est remarquablement décrite, avec une vérité à la fois saisissante et complaisante. Montesquieu connaît le Courouc. Ces femmes craignent le maître, elles l'aiment parfois, souvent elles le haïssent comme elles se haïssent ou s'aiment entre elles. Le rôle de l'eunuque qui doit être le gardien vigilant de leur beauté

comme celui qui l'entretient, dans le rôle d'un
moderne employé d'un institut de beauté, rôle
à la fois de complaisance servile ou souriante
et d'autorité, s'affirmant brusquement et même
brutalement, nous est aussi révélé. Nous disons
révélé, car plus encore que par la description
et la psychologie des femmes composant un
harem l'originalité de Montesquieu s'affirme
par la description et la psychologie jusque-là
inédite de l'eunuque. Celui-ci, à la fois dépen-
dant de son maître et des femmes de son maître, déploie diplomatie et fermeté ou lâcheté.
Son maître peut le faire rentrer dans le néant
d'où il l'a tiré en le privant de ses attributs
virils. Il devra se contenter d'une demi-vie, rési-
gné ou éprouvant de vivants regrets, se conso-
lant dans l'exercice d'une influence ou d'une
domination, se permettant de petites ou de
grandes privautés avec les femmes qui lui sont
confiées, qu'il mène au bain, qu'il soigne, qu'il
surveille, qu'il distingue ou qu'il laisse languir
dans l'obscurité à son gré [6]. C'est lui encore,
et plus particulièrement le grand eunuque, qui
est chargé de tenir le sérail à jour, de lui
adjoindre de nouvelles beautés, d'exciter par
de nouvelles acquisitions les désirs de son maître. D'où l'achat d'une Circassienne ou celui
d'une femme jaune, qui sont mentionnés avec
une certaine insistance. Conservateur d'un musée vivant, il doit éviter les vols avec effrac-

6. Il faut lire la lettre 2, éd. L. Versini, pp. 76-77, et
Œuvres complètes, La Pléiade, t. I.

130

tion, tout élément masculin qui n'a pas été
rendu inoffensif risque gros en franchissant les
murs du sérail. Et pourtant certains s'y glis-
sent et y obtiennent d'éclatants succès, comme
le démontre la dernière série de nos lettres.
Que la jalousie soit dans le domaine de l'eunuque monnaie assez courante, qu'il se montre
capable de fidélité, qu'il paie de reconnaissance
plus que d'ingratitude et qu'il soit à un détail
près un homme semblable aux autres, c'est ce
que la description minutieuse et prolongée de
Montesquieu tente de démontrer, et non sans
succès. Nous apprenons même qu'il essaie de
mener une vie normale, qu'il peut se marier,
comme ce Cosrou, eunuque blanc qui épouse
Zélide, esclave de Zélis. La résistance que le
candidat eunuque malgré lui peut opposer aux
projets de son maître ou du grand eunuque, la
grâce qu'il peut obtenir, cela non plus n'est pas
perdu de vue. Mais les tragédies sanglantes du
harem, les empoisonnements, les coups de
poignard, voilà aussi ce que les Français du
XVIIIᵉ siècle, alléchés par le *Bajazet* de Racine,
étaient en droit d'attendre. Et ils ne perdent
rien pour attendre, les désordres du harem, le
manque de poigne et de fermeté du nouveau
grand eunuque amènent un désastre, noyé dans
le sang et la perfidie. Cette couleur locale, pro-
mise, espérée, le Président pouvait-il ne pas la
donner ?
   Mais si le harem est le centre de la vie orientale dans les *Lettres Persanes*, il ne nous per-

met guère d'apercevoir des lambeaux de vie familiale [7]. La mère de Rica est inconsolable du départ de son fils pour l'Europe. Roxane est aperçue dans son rôle de mère pour sa fille. C'est fort peu de chose. Montesquieu s'étendra davantage sur d'autres aspects des mœurs persanes. D'abord il nous parlera longuement des Guèbres, ces anciens habitants de la Perse, qui mènent une vie patriarcale, mais en conservant le culte de Zoroastre, et même la pratique du mariage entre frère et sœur. Il a choisi ces détails pour le même motif qu'il s'étend sur le sérail : il y a là de quoi dérouter et étonner des Occidentaux. De même il s'est attaché non sans complaisance à la description ou plutôt à des allusions aux institutions politiques, de la Perse dès le début. Nous pressentons que le régime politique est la tyrannie, dès les pre- à des allusions aux institutions politiques de mières lettres, et en particulier la lettre 8 (pp. 83-84). Usbek a été en fait obligé de fuir son pays, pour échapper à des vengeances. La couleur locale précise manque sans doute dans ce passage, qui nous fait songer à un courtisan européen cherchant à éviter une disgrâce trop voyante, mais n'y a-t-il pas sous-jacente la toute-puissance aveugle du souverain : « Je résolus de m'exiler de ma patrie, et ma retraite même de la Cour m'en fournit un prétexte plausible.

7. Voir : Lettre à Roxane 26, pp. 119-122, éd. L. Versini. Sur l'éducation des filles, voir lettre 62, p. 189.

J'allai au Roi, je lui marquai l'envie que j'avois de m'instruire dans les sciences de l'Occident ; je lui insinuai qu'il pourrait tirer de l'utilité de mes voyages. Je trouvai grâce devant ses yeux ; je partis, et je dérobai une victime à mes ennemis. » Pourtant le pouvoir illimité des princes en Perse va nous être décrit dans la lettre 102, avec les conséquences qui en découlent : « Un Persan qui, par imprudence ou par malheur, s'est attiré la disgrâce du Prince est sûr de mourir : la moindre faute ou le moindre caprice le met dans cette nécessité. Mais, s'il avoit attenté à la vie de son souverain, s'il avait voulu livrer ses places aux ennemis, il en seroit quitte aussi pour perdre la vie. Il ne court donc pas plus de risque dans ce dernier cas que dans le premier. Aussi, dans la moindre disgrâce voyant la mort certaine, et ne voyant rien de pis, il se porte naturellement à troubler l'Etat et à conspirer contre le souverain : seule ressource qui lui reste. »

Montesquieu aborde enfin les institutions religieuses, il sait allier la couleur religieuse et la couleur psychologique dans la lettre 23 (pp. 112-113) où est analysée l'impression qu'un mahométan éprouve dans une ville chrétienne (Livourne), dans la lettre 33 (p. 133) où nous voyons l'usage du vin chez les chrétiens et les mahométans, dans la lettre 35 (p. 136) où sont étudiés les rapports du christianisme et du mahométisme. L'orientalisme des *Lettres Persanes* n'omet rien d'essentiel.

CHAPITRE IX

RICA ET USBEK

La psychologie de l'eunuque telle qu'elle se révèle à nous dans la lettre 96 nous a montré déjà combien Montesquieu s'est attaché à une couleur locale psychologique. Elle est aussi évidente dans la peinture qu'il nous fait des femmes orientales et plus encore peut-être dans l'étude que nous pouvons faire des deux principaux personnages de ce roman par lettres : Rica et Usbek. C'est presque toujours d'eux qu'il est question dans les *Lettres Persanes*, ce sont eux qui écrivent la plupart du temps et par-là même nous pouvons suivre à merveille les démarches de leurs pensées plus ou moins parallèles, allant d'émerveillement en étonnement, de critique en louange ou vice versa. Du même coup pourra se poser la question de l'évolution de ces Orientaux restant près de dix ans en Europe.

Leur portrait physique ? Il nous est difficile de le faire, tout au plus pouvons-nous dire que Rica est plus jeune que son compagnon, puisque sa mère est inconsolable de son départ et qu'il n'est pas encore marié. Vingt ans, c'est l'âge que nous pourrions lui donner volontiers au début de son voyage. Dans la lettre 27 nous lisons : « Rica jouit d'une santé parfaite : la force de sa constitution, sa jeunesse, et sa gayeté naturelle le mettent au-dessus de toutes les épreuves. » Quant à Usbek, si nous admettons qu'il doit bien de ses traits à Montesquieu lui-même, jeune provincial venant à Paris et y revenant après, nous pourrions aussi admettre qu'il n'est pas loin de la trentaine en 1711. Leur vêtement ? Nous le devinerons, Montesquieu ne le décrit jamais, il se contente de nous indiquer que nos voyageurs ont quitté l'habit persan pour endosser l'habit à l'européenne. Leur air et leur allure ? Nous ne saurons qu'une réflexion sur le passage de Rica : « Il faut avouer qu'il a l'air bien persan », ce qui ne nous apprend pas grand-chose. Leur démarche doit être lente, peut-être lourde, puisque Rica confie à Ibben dans la lettre 24 : « Il n'y a point de gens du monde qui tirent mieux parti de leur machine que les Français : ils courent ; ils volent. Les voitures lentes d'Asie, le pas réglé de nos chameaux, les feroient tomber en syncope. Pour moi, qui ne suis point fait à ce train, et qui vais souvent à pied sans changer d'allure, j'enrage quelquefois comme un chrétien... » C'est donc le moral et le psychologique qui restent les fins essentielles du Président dans les portraits qu'il va nous retracer. Nos deux Persans ont d'abord une valeur de groupe, on pense un peu à Télémaque et à Mentor, car n'oublions pas que le roman de Fénelon est pour Montesquieu ce qu'il appelle

« ce livre divin du siècle ». Mais à aucun moment nous ne voyons Usbek affecter un air de supériorité à l'égard de son cadet, ni lui donner des conseils. Au fond, ils traitent d'égal à égal. Rica joue admirablement son rôle de jeune homme à la fois étonné et un peu frivole. Nous ne le voyons se révéler qu'à partir de la lettre 24, quand il écrit à Ibben son émerveillement devant la grandeur, la variété de Paris. Il est badaud, comme tout jeune homme lancé dans une capitale étrangère. Il court au plaisir à en juger par sa description de la comédie et de l'opéra dans la lettre 28, la lettre d'une actrice qu'il cite tout au long. Au fond il a vite fait de voir combien il est étrange pour les Parisiens, et il veut dans la mesure du possible atténuer son abord oriental. L'habit fait-il le moine ? C'est une autre question. Un peu plus et il deviendrait volontiers un jeune homme à la mode. Célibataire, il est attiré par l'éternel féminin et volontiers il deviendrait rieur et enjoué. Il a vite fait de saisir avec finesse la différence qui sépare les Françaises des Orientales ; quand nous disons vite, c'est deux ans après son départ de Perse : « Les femmes de Perse sont plus belles que celles de France ; mais celles de France sont plus jolies. Il est impossible de ne point aimer les premières, et de ne se point plaire avec les secondes ; les unes sont plus tendres, et plus modestes ; les autres sont plus gaies et plus enjouées. » Son ton même indique qu'il y a eu déjà une certaine

assimilation, au point qu'il en arrive à se demander dans la lettre 38 à Ibben si l'on doit
subordonner les femmes aux hommes. Sa réponse à la question n'est plus celle d'un Oriental. Il a goûté et goûte la vie de salon, la vie
d'un pays où la femme est reine, et il essaie
de se justifier par des raisons historiques : « Il
faut l'avouer, quoique cela choque nos mœurs :
chez les peuples les plus polis, les femmes ont
toujours eu de l'autorité sur leurs maris. » Sans
doute, en écrivant à un compatriote, il semble
éprouver un repentir, mais ce repentir même
ne nous dit-il pas où vont ses préférences :
« Tu vois, mon cher Ibben, que j'ai pris le
goût de ce pays-ci, où l'on aime à soutenir des
opinions extraordinaires et à réduire tout en
paradoxe. » Voyez-le, dans la lettre 52, retracer tout comme un jeune premier de salon ses
portraits de vieilles coquettes, la rosserie, l'ironie sont déjà parisiennes et c'est avec un égal
bonheur qu'il précisera pour Usbek dans la
lettre 63 les charmes de la société française,
appréciera en connaisseur les caractères des
femmes, connaîtra à merveille les badinages
qui leur plaisent, plus loin, dans la lettre 110,
il s'étendra sur les soucis des jolies femmes.
Charmant Rica qui semble devenu frivole et
léger, comme nos petits maîtres, et qui ne
craint pas, vivant comme il vit dans le présent,
d'écrire une lettre, la cent-vingt-cinquième, où
il exprime la difficulté qu'il éprouve à concevoir des récompenses futures, sous la forme

d'un joli conte indien. N'est-il donc qu'un Oriental mué en freluquet de salon, incapable de voir autre chose que la femme, rejetant ses origines, son passé, ses traditions ? Ce serait tout de même une erreur de le croire, et s'il disparaît à la lettre 144, que lui-même écrit à Usbek sur la supériorité de la modestie par rapport à la vanité et qui pourrait sembler au premier abord lui être adressée, il ne nous laisse pas cette impression.

Il est frappé d'abord par le côté immédiatement curieux des êtres et des choses, les traits les plus saillants, les plus voyants des mœurs. Il nous décrira avec curiosité l'Hospice des Quinze-Vingts dans la lettre 32, l'Hôtel des Invalides dans la lettre 84, s'étendra dans la lettre 99 sur l'inconstance des modes et des mœurs en France. Il représente aussi et surtout le côté La Bruyère, mœurs et caractères de ce siècle, du personnage de Montesquieu. Il est grand portraitiste, ou plutôt dessinateur, enlevant les traits essentiels d'un homme à la minute, avec une étonnante vérité. Voyez-le mettre en scène dans la lettre 45 en un portrait tout en mouvement les folies d'un alchimiste. Comme il rapporte avec verve et exactitude les portraits de deux beaux esprits dans la lettre 54 ! Il ferait un excellent journaliste. Avec quel pittoresque il brosse la physionomie du décisionnaire dans la lettre 72 ou celle du visiteur dans la lettre 87, ou mieux encore celle du géomètre, dans la lettre 128, qui est suivie

d'une conversation de café. Il croque encore les
gens taciturnes et diseurs de riens dans la
lettre 82, les nouvellistes dans la lettre 130 et
dans la lettre 56 les joueurs et les joueuses.
Satirique, il sait l'être avec un humour fin et
pince-sans-rire dans la lettre d'un savant, suivie
d'un fragment d'un ancien mythologiste de la
lettre 142. Il est donc volontiers échotier, chroniqueur, portraitiste mondain. Mais n'est-il que
superficiel, livré à l'impression vivante et présente ? Sans doute, il est épris d'actualité. Mais
ne sait-il pas extraire le meilleur de cette actualité, le caractère général et permanent ? Nous
croirions volontiers qu'il le peut excellemment.
Il nous parle fort bien, dans la lettre 100, des
emprunts que nous faisons ou que nous ne faisons pas aux étrangers, de l'origine étrangère,
de la complication et des défauts de nos lois.
Avec quelle perspicacité satirique ou philoso-
sique le chroniqueur se fait aussi historien dès
son arrivée en France pour nous parler dans la
lettre 24 de la puissance du roi de France et de
celle du pape, des troubles provoqués en France
par la Constitution *Unigenitus*, des inquiétudes
de Louis XIV [1]. N'est-ce pas lui encore qui nous
entretient d'un hospice que les capucins voudraient fonder en Perse dans la lettre 49, de la
jeunesse de Louis XV dans la lettre 107, où
en même temps il montre le rôle capital des

1. Dans la lettre 29, l'autorité du pape et des évêques, les
controverses religieuses, le traitement des hérétiques sont
passés en revue.

confesseurs et maîtresses des rois d'Occident, comme l'influence des femmes en France. Dans la lettre 126 c'est l'expulsion du prince de Cellamare et l'arrestation du duc du Maine, dans la lettre 140 ce sont les remontrances des Parlements. Il étudie dans la lettre 138 les effets du système de Law. Il juge les abdications de Suède dans la lettre 139. Historien, il est aussi critique des mœurs et des institutions. Il dénonce les ridicules de l'Académie Française, et du même coup s'achemine vers la critique littéraire. Il est le critique littéraire du petit groupe. Il dit son mot sur la valeur des traductions dans la lettre 128. Surtout dans une série de lettres depuis la cent-trente-troisième jusqu'à la cent-trente-septième, il passe son temps à décrire une bibliothèque publique en montrant une curiosité avertie pour les livres de théologie, de littérature, de sciences, d'histoire et de poésie.

Enfin il sait même se montrer philosophe. Déjà dans la lettre 34 qui date du début de son séjour, il a doctement disserté du commerce des Orientaux avec leurs esclaves ou plutôt il a écouté les réflexions d'un Français sur ce point. Sachant écouter il sait aussi apprendre, et il va s'établir profond moraliste à son compte, quand dans la lettre 50 il traite du charme de la modestie et de l'impertinence de la vanité. N'est-ce pas lui encore qui huit lettres plus loin parle de l'esprit chagrin des vieillards et mieux encore de la relativité des jugements des hommes, en se souvenant de l'apologie de Raimond Sebon : « Il me semble, Usbek, que nous ne jugeons jamais des choses que par un retour secret que nous faisons sur nous mêmes. Je ne suis pas surpris que les Nègres peignent le Diable d'une blancheur éblouissante et leurs Dieux noirs comme du charbon. » Il a même de l'univers une vue pascalienne, dont il tire des conséquences tendancieuses : « Mon cher Usbek, quand je vois des hommes qui rampent sur un atome, c'est-à-dire la Terre, qui n'est qu'un point de l'Univers, se proposer directement pour modèles de la Providence, je ne sçais comment accorder tant d'extravagance avec tant de petitesse. »

En somme Rica vient assez jeune en France pour se dépouiller rapidement de son caractère oriental. Il est d'abord conteur et musulman. S'il ne perd pas sa mentalité première, il l'atténue au contact de l'Occident. Lui-même évolue avec l'âge. Etonné, admiratif, critique, attiré par l'éternel féminin, il représente un Montesquieu jeune, celui des premières années de Paris, dessinateur rapide, incisif, portraitiste excellent, chroniqueur mondain, touriste de la capitale, tels sont ses premiers caractères. Mais l'âge aidant et peut-être sous l'influence du grave Usbek, il deviendra plus profond, à la fois historien, moraliste et même philosophe.

Pourtant il n'est pas le personnage de premier plan, c'est Usbek. Songez à la place qu'occupe Usbek dans le roman à la fois comme correspondant et comme destinataire, et vous verrez que Montesquieu en a fait son favori. C'est un très grand seigneur féodal, avec un frère gouverneur de province. Lui-même a occupé et pourrait encore occuper de très hautes fonctions à la cour persane, s'il n'avait pas des ennemis. De prime abord, il veut aller à la conquête de la sagesse, en renonçant à une partie de son confort oriental : « Rica et moi sommes peut-être les premiers parmi les Persans que l'envie de savoir ait fait sortir de leur pays, et qui ayent renoncé aux douceurs d'une vie tranquille pour aller chercher laborieusement la sagesse. » Cet Oriental a avant la lettre la mentalité « Jeune Turc » : « Nous sommes nés dans un royaume florissant ; mais nous n'avons pas cru que ses bornes fussent celles de nos connaissances, et que la lumière orientale dût seule nous éclairer. » Pourtant nous pouvons nous demander si le despote oriental n'est pas le fond du personnage d'Usbek, un despote oriental qui sera un despote éclairé de notre xviiie siècle. Est-ce que ce n'est pas ce qui le caractérise dès la deuxième lettre, au premier eunuque noir ? Il est un époux, un mari, au mauvais sens du mot, il semble mener son harem un peu à la baguette : « Tu leur commandes, et tu leur obéis : tu exécutes aveuglément toutes leurs volontés et leur fais exécuter de même les loix du sérail. » La méfiance, une sorte de jalousie préventive pour toutes ces femmes qui vont être privées de lui le

signalent. Quelle vie voluptueuse il a pu mener
jusque-là, une lettre que lui adresse Zachi nous
l'apprend, de même que l'amour qu'il est capable de susciter. Cette première impression qui
aurait pu être fâcheuse est cependant atténuée
par l'expression de sa nostalgie du pays natal
dès qu'il traverse l'Empire Ottoman ; ne s'est-
il pas cru plus fort qu'il n'était : « Ma patrie,
ma famille, mes amis, se sont présentés à mon
esprit, écrit-il dans la lettre 6 ; ma tendresse
s'est réveillée ; une certaine inquiétude a achevé
de me troubler et m'a fait connaître que, pour
mon repos, j'avois trop entrepris. » Notez que
le sentiment n'est pas le même pour ses femmes. Il est jaloux sans amour, qui s'analyse
avec une franche lucidité. « Ce n'est pas, Nessir, que je les aime : je me trouve à cet égard
dans une insensibilité qui ne me laisse point
de désirs. Dans le nombreux sérail où j'ai
vécu, j'ai prévenu l'amour et l'ai détruit par lui-
même ; mais, de ma froideur même, il sort une
jalousie secrète, qui me dévore. » Il est sincère,
et même vertueux, autant que peut l'être le pos-
sesseur d'un harem.

Nous savons par la lettre 8 qu'il parut à la
cour dès sa plus tendre jeunesse, que son cœur
ne s'y corrompit point, qu'il osa démasquer le
vice et même porter la vérité au pied du trône.
Ce sont là d'excellentes références, nous dira-
t-on, pour un candidat philosophe. Il a déjà une
réflexion personnelle, comme l'indique l'histoire des Troglodytes : « L'injustice des pre-

miers Troglodytes fut cause de leur perte »,
« les vertus des nouveaux Troglodytes assurèrent leur bonheur. » C'est cependant une âme
inquiète, troublée par le pourquoi des choses.
Il demande des conseils à Méhemet Ali, cherche
à retremper auprès de lui sa foi musulmane
déjà ébranlée peut-être et lui soumet ses doutes
sur la pureté et l'impureté des choses. Il est
dans un état d'instabilité, provoqué par son
inquiétude du sérail et sa jalousie croissante.
Quelle lettre il écrit à Zachi qui a reçu dans
sa chambre un eunuque blanc ! Le malheureux
paiera de sa tête son imprudence. Il est temps
qu'Usbek se calme car, nous dit la lettre 23,
« à mesure qu'Usbek s'éloigne du sérail, il
tourne sa tête vers ses femmes sacrées ; il sou-
pire, il verse des larmes ; sa douleur s'aigrit,
ses soupçons se fortifient. » Par là Usbek reste
profondément oriental et, nous le verrons, jusqu'au bout. La lettre qu'il écrit à Roxane nous
fixe sur ses sentiments, et au contraire de Rica
il n'est nullement séduit par les Européennes,
car « l'art de composer leur teint, les ornements dont elles se parent, les soins qu'elles
prennent de leur personne, le désir continuel
de plaire qui les occupe, sont autant de taches
faites à leur vertu et d'outrages à leurs époux. »
De fait ni Usbek, ni même Rica n'ont à notre
connaissance d'aventure amoureuse avec les
Occidentales. Leur chasteté dure dix ans ou
presque. En réalité Usbek est une âme profondément philosophique et religieuse, sérieuse,

comme il convient à un homme de son âge et
de sa dignité. Il est frappé dès la lettre 35 par
les ressemblances et les rapports entre le mahométisme et le christianisme. S'achemine-t-il
déjà vers une sorte de syncrétisme, un déisme
plus ou moins déguisé ? Les démarches successives de sa pensée peuvent le laisser croire [2].
D'où sa condamnation de l'intolérance dans la
lettre 60 ; avec quelle prudence cependant il
insinue à Ibben que la tolérance pourrait s'établir dans l'islamisme : « Il seroit à souhaiter
que nos musulmans, déclare-t-il, pensassent
aussi sensément sur cet article que les chrétiens. » Profondément religieux, dirions-nous ;
oui, mais cela ne l'empêche pas d'écouter et
de rapporter avec sympathie le discours d'un
prêtre à Notre-Dame « sur les avantages, les
inconvénients et les dangers de l'état ecclésiastique ». Son inquiétude à l'égard de ses femmes
s'est quelque peu calmée avec le temps, cela
se sent dans la lettre qu'il écrit à ses femmes,
la soixante-cinquième, pour les menacer de les
punir si elles ne se conduisent pas mieux et
surtout dans sa réponse à Zélis sur les incertitudes des preuves de la virginité. Magnanime,
il accorde la grâce du jeune homme qu'on veut
faire eunuque un peu par vengeance (lettre 43).
En fait il est plongé dans la métaphysique,
c'est de ce côté que se dirige désormais son

2. Voir lettre 46. Usbek à Rhédi : En quoi consiste l'esprit de la religion ? Prière adressée à Dieu.

inquiétude. Il voit dans la lettre 69 la nature de Dieu incompréhensible et se demande si la prescience de Dieu est compatible avec le libre arbitre de l'homme. Despote éclairé, tolérant, mais jaloux, inquiet par amour, et maintenant, par philosophie, moraliste. Dans la lettre 97, il étudie la mécanique du monde, dans la lettre 40 il souligne l'insanité des pompes funèbres, des tristesses et des joies humaines. Il va devenir, aussi, politique, juriste et sociologue. Politique il l'est, quand il décrit les Etats de l'Europe, le pouvoir illimité des princes en Orient, les limites du pouvoir du roi de France. Mais du même coup il voit ce qui isole les princes d'Orient sur leurs trônes et expose non sans sympathie les idées des Anglais sur les droits du prince. Juriste, il le devient aussi, représentant directement le Président. En effet, dans la lettre 83, il montre les caractères de la justice indépendante de Dieu et innée dans l'homme. Dans la lettre 90, il souligne le conflit en France entre le point d'honneur et la loi pénale. Dans la lettre 94, la corruption du droit public est dessinée, tandis que dans la lettre 95 les principes et sanctions du droit public véritable sont exposés. Il se fait sociologue : dans les lettres 113 à 122, il parle de la population de la terre, des changements de la terre, des maladies contagieuses, des catastrophes. Il étudie les causes de la dépopulation, s'en prend à la polygamie, ô ironie. Il s'en prend à l'indissolubilité du mariage néfaste pour la population et au célibat des prêtres. Il traite de l'influence de la traite des nègres et des idées religieuses comme des mœurs des sauvages sur la population. Il souligne le facteur primordial des colonies, des constitutions politiques et des conditions économiques.

Enfin dans la lettre 129, il s'en prend à l'insuffisance des législateurs, mais il n'a pas que cette spécialité, ces spécialités. Il aime l'histoire. Dans la lettre 123 c'est le désastre des Turcs, dans la lettre 111 c'est le succès des *Mémoires* de Louis XIV. La démoralisation provoquée par le système de Law fait l'objet de la lettre 145. Il assure l'intérim de Rica dans la lettre 48 par la description de la société mondaine (le financier, le directeur, le poète, le vieil officier, l'homme à bonnes fortunes). Il dépeint dans la lettre 56 joueurs et joueuses, dans la lettre 57 religieux, confesseurs et casuistes. Il trace un parallèle dans la lettre 88 entre grands seigneurs français et persans. Mais la critique littéraire l'intéresse dans la lettre 108. Il parle du compte rendu des livres dans les journaux.

Pourtant, il redevient un tyran oriental dans la lettre 154 : il laisse voir son désespoir, prévoir son retour et sa vengeance. Tout se noie dans le sang. En définitive il est un mari trompé et trahi, comme le prouve la lettre 160, la lettre de Roxane. Il apparaît comme le plus oriental des deux, le plus tourmenté, le plus romantique.

Rica et Usbek sont deux aspects, deux phases de Montesquieu. Mieux que des porte-parole, ils forment l'alibi persan, représentant l'évasion dans le déguisement, le rêve oriental et le rêve philosophique dans une société en mouvement.

orientaux … … … …

CHAPITRE X

LES FEMMES ORIENTALES

Que Montesquieu ait aimé les femmes, le fait
paraît incontestable, qu'il ait su les observer
en sa province et dans les salons de Paris, nous
pouvons facilement le constater. Mais a-t-il su
retrouver la psychologie de la femme orientale,
épouser les méandres de sa pensée, entrer dans
sa mentalité, retrouver ses gestes, ses attitudes,
son comportement, lui qui n'a jamais été en
Orient et qui a été obligé de se fier aux récits
des voyageurs ou des historiens et à son imagination récréatrice ? Nous ne pouvons répondre avec la même assurance et il nous faut
avoir en main toutes les pièces du procès, ou
pour mieux dire, relire et regrouper les rensei-
gnement fournis par les *Lettres Persanes* où on
parle d'elles quand elles ne prennent pas elles-
mêmes la plume.

Et d'abord notre enquête comme celle de
Montesquieu est limitée. Elle ne saurait s'intéresser qu'aux femmes vivant dans les harems.
Par-là même nous ne pourrons presque connaître les femmes uniques de ces gens du peuple
trop pauvres pour en avoir plusieurs. Du même

coup notre étude sera à la fois collective et individuelle ; les femmes vivant en groupe ont tenté d'autres romanciers ; nous pensons au *Lac Salé* de Pierre Benoit qui nous décrit les mœurs des épouses des Mormons. Quant aux femmes orientales, elles ont provoqué chez nous toute une production centrée spécialement sur la Turquie. D'*Aziyadé* aux *Désenchantées* de Loti en passant par certaines pages de *L'Homme qui assassina* de Farrère ou *Yamilé sous les Cèdres* de Henry Bordeaux, nous retrouvons une littérature riche en excitations exotiques et autres.

Montesquieu va donc nous parler ici surtout des femmes d'Usbek et de leurs esclaves. L'allusion à la mère de Rica qui pleure le départ de son fils ne nous mène pas bien loin. Dès l'abord, nous sommes en présence du groupe du sérail, corps constitué avec ses mœurs, ses lois, ses règles. Ce sont les femmes d'un seigneur persan. Comment sont-elles recrutées ? Nous l'apprenons assez rapidement. Il y a d'abord les mariages légitimes, ceux qui unissent à la fille d'un grand seigneur d'un rang égal au vôtre. Elles sont, ces filles, d'une pudeur fière et excessive, et jusqu'au moment où après la cérémonie religieuse elles se rendent à leur maître légitime avec armes et bagages, il se passe un laps de temps fort considérable. Il est vrai que par la suite le temps perdu est fort bien rattrapé. A ces femmes légitimes et de haute naissance s'ajoutent des concubines achetées au marché d'esclaves, et qui peuvent avoir rang

d'épouses (témoin la Circassienne qui vient enri-
chir la collection d'Usbek ou la femme jaune
qui complète celle de son frère). Mais à cela
près ces femmes, qu'elles soient anciennement
libres ou non, mènent dans le sérail la même
existence d'asservissement, et cela dès leur plus
jeune âge : « Ta fille ayant atteint sa septième
année, confie Zélis à Usbek dans la lettre 52,
j'ai cru qu'il était tenu de la faire passer dans
les appartements intérieurs du sérail et de ne
point attendre qu'elle ait dix ans pour la confier
aux eunuques noirs. On ne sauroit de trop
bonne heure priver une jeune personne des
libertés de l'enfance et lui donner une éducation sainte pour les sacrés murs où la pudeur
habite. » En vérité la pudeur n'y habite pas, et
la malicieuse Zélis ou plutôt le malicieux Montesquieu parle ici par antiphrase. Que sont en
effet ces femmes sinon des instruments de plaisir entre les mains de leur seigneur et maître,
qui en use comme il lui plaît, qui préfère l'une
à l'autre selon son bon vouloir, et qui les passe
même en revue, comme nous l'apprend la lettre 3
qu'on s'en voudrait de citer en entier, pour
choisir celle qui pouvoira à son contentement :
« Nous nous présentâmes devant toi après avoir
épuisé tout ce que l'imagination peut fournir
de parures et d'ornements. Tu vis avec plaisir
les miracles de notre art. Tu admiras jusques
où nous avait emportées l'ardeur de te plaire.
Mais tu fis bientôt céder ces charmes emprun-
tés à des grâces plus naturelles... Il fallut nous

dépouiller de ces ornements qui t'étoient devenus incommodes ; il fallut paroître à ta vûe
dans la simplicité de la nature... Ton âme incer-
taine demeura longtemps sans se fixer. »

Considérées donc comme instruments de plaisir, vivant de leurs sens, ces femmes doivent
être surveillées comme de jeunes animaux aux
appétits plus ou moins ardents. Si on leur
donne pour les garder des eunuques noirs, c'est
précisément pour que ces êtres repoussants
comme les appelle Montesquieu leur fassent rechercher l'amour de l'époux. Comme elles sont
trop nombreuses pour être aimées toutes à la
fois, avoir simultanément droit à leur part de
caresses, qu'elles sont dressées physiquement
pour ces caresses et que la privation peut leur
en devenir douloureuse, elles savent se prêter à des compromis que les eunuques ont pour
tâche de dépister à moins qu'ils n'en profitent
eux-mêmes. Les lesbiennes ne sont pas rares,
à plus forte raison les adultères, qui, lorsqu'elles ne reçoivent point du secours du dehors, se contentent des manifestations amou-
reuses des eunuques. Une fois du reste qu'elles
tiennent un de ceux-ci sous leur dépendance,
elles lui font cruellement payer sa faiblesse :
« Mais la beauté que j'avais faite confidente
de ma faiblesse, confie le Premier Eunuque à
Ibbi, dans la lettre 9, me vendit bien cher son
silence : je perdis entièrement mon autorité
sur elle, et elle m'a obligé depuis à des condes-
cendances qui m'ont exposé mille fois à perdre

la vie. » Il faut donc une main très ferme pour gouverner ces femmes ; on ne prendra jamais assez de précautions à l'intérieur du harem, ou au dehors dans les rares sorties auxquelles on les autorise. Elles offrent des repas, vont à la mosquée. Elles sont d'ailleurs très habiles à profiter de la moindre occasion pour enfreindre la loi qui leur est imposée, pour faire sentir, elles, les esclaves, leur domination. Femmes vindicatives, elles ne cherchent qu'à renchérir, d'après le premier eunuque, sur les désagréments qu'il leur donne. Il y a entre eux comme « un flux et reflux d'empire et de soumission. Elles sont capricieuses à plaisir », elles font toujours retomber sur lui les emplois les plus humiliants ; elles sont méprisantes et « sans égard pour sa vieillesse, elles le font lever la nuit dix fois pour la moindre bagatelle. » Le pauvre homme est submergé « d'ordres, de commandements, d'emplois, de caprices : il semble qu'elles se relaient pour m'exercer, et que leurs fantaisies se succèdent. » Elles poussent la perfidie jusqu'à le faire redoubler de soins.

Mais elles se présentent aussi à nous comme des écolières quelque peu émancipées : « Elles me font faire de fausses confidences : tantôt on vient me dire qu'il a paru un jeune homme autour de ces murs ; une autre fois, qu'on a entendu du bruit, ou bien qu'on doit rendre une lettre, tout ceci me trouble, elles rient de ce trouble. » Leurs espiègleries relèvent d'ailleurs d'un esprit fort inventif : « Une autre fois elles m'attachent derrière leur porte et m'y enchaînent nuit et jour ; elles savent bien feindre des maladies, des défaillances, des frayeurs ; elles ne manquent pas de prétexte pour me mener au point où elles veulent. » Et surtout elles sont dangereuses, pour peu qu'on leur ait déplu, elles sauraient se venger terriblement. Il est mauvais pour l'eunuque de mener dans le lit de son maître des femmes irritées, car il a tout à craindre de leurs larmes, de leurs soupirs, de leurs embrassements, et de leurs plaisirs mêmes ; elles sont dans le lieu de leurs triomphes. Pourtant, nous l'avons vu, l'eunuque peut prendre sa revanche, en suscitant des jalousies, en poussant davantage une de ces femmes auprès de son maître. Et surtout ces femmes ont une grande faiblesse ; elles sont divisées. Elles forment des clans régis par des sympathies et des intérêts. Elles tremblent, quand elles triomphent, de se voir préférer une autre, abandonnées, elles conservent l'espoir de détrôner leur rivale, en prenant sa place ou en la faisant donner à une autre. Nous nous rappelons la satisfaction du grand eunuque dans la lettre 96 à la pensée de la révolution qu'il va provoquer par l'introduction de la femme jaune dans le sérail du frère d'Usbek : « Je me plais à prévoir l'étonnement de toutes ces femmes : la douleur impérieuse des unes ; l'affliction muette, mais plus douloureuse des autres ; la consolation maligne de celles qui n'espèrent plus rien ; et l'ambition irritée de

celles qui espèrent encore. » De la sorte la déla-
tion règne entre elles : « Elles font une partie
de notre ouvrage et nous ouvrent les yeux
quand nous les fermons. » Elles sont obligées
de dissimuler tout : « Les grandes révolutions
seront cachées dans le fond du cœur ; les chagrins seront dévorés, et les joyes, contenues. »
La douceur viendra de leur désespoir lui-même.
Elles ne voient pas qu'elles sont solidaires les
unes des autres, leur condition n'éveille aucune
sympathie collective, et comme le dit le grand
eunuque, « elles irritent sans cesse le maître
contre leurs rivales, et elles ne voyent pas combien elles se trouvent près de celles qu'on
punit ». Elles sont les désenchantées, parfois
les désespérées, elles essaient de s'évader.
D'abord en imagination, par le rêve. N'est-ce
pas le cas de beaucoup de femmes que celui
d'Anaïs qui rêve d'avoir un harem d'hommes,
et d'y vivre en souveraine parmi les délices
charnelles. C'est l'effet du refoulement, diraient
les freudiens. Mais il y a aussi des évasions
plus terribles et plus réelles, ou plutôt des
tentatives d'évasion. Que l'absence du maître
ait duré un trop grand nombre d'années, que
le premier eunuque ait été changé et que le
nouveau manque d'autorité et de poigne, tout
va à vau l'eau. L'amour insatisfait, les sens
exaspérés font régner dans le sérail une atmosphère irrespirable. Ces femmes sont devenues
des furies et des bacchantes, rien ne peut plus
les retenir désormais. Elles n'ont aucun sens

moral, et les lois de la pudeur qu'on leur a
appris à violer et qui n'ont jamais été pour
elles que des conventions ne sauraient exister.
Elles transgressent un contrat unilatéral où
elles ont tous les devoirs, toutes les obligations
sans aucun droit. Les châtiments peuvent pleu-
voir, mais ils sont impuissants devant ce dé-
bordement. On a beau vendre des esclaves de
ces femmes, les obliger à échanger celles qu'on
leur laisse, redoubler la surveillance, que faire
contre la ruse des femmes, rendues intraitables
par l'absence du maître trop prolongée et les
mesures barbares qu'on prend contre elles ?
En somme Montesquieu, en accentuant certains
traits du tableau du harem pour les rendre plus
visibles, reste malgré tout un excellent peintre
et un psychologue qui demeure dans le vrai et
ne fausse pas les couleurs de cette atmosphère
orientale. Ne s'oblige-t-il pas d'ailleurs à mar-
quer les différences qui séparent l'Orientale
de l'Européenne dans des parallèles soignés ?
N'est-ce pas Usbek qui dans la lettre 26 à
Roxane retrace le contraste que présentent les
mœurs des femmes en Orient et en Occident,
dans le port du voile, les vêtements, la vie ren-
fermée, les occupations limitées à l'amour, à
la parure, à la danse et aux chants, aux rares
promenades ; c'est Rica dans la lettre 34 à
Ibben qui compare encore les Françaises et les
Persanes jugées plus belles, en raison de la vie
réglée qu'elles mènent : « Elles ne jouent ni
ne veillent, elles ne boivent point de vin et ne

s'exposent presque jamais à l'air ; c'est une vie unie, qui ne pique point ; tout s'y ressent de la subordination et du devoir. » C'est Zélis enfin qui dans la lettre 62 à Usbek retrace brièvement l'éducation des filles et la condition des femmes en Orient. Nous savons bien que ces tableaux sont trop riants et trop flattés, et que la réalité dernière vient leur donner un démenti, mais les apparences y sont exactes, et les apparences entrent aussi dans le dessein de Montesquieu.

A ce tableau collectif, à cette vue de groupe des femmes orientales que nous avons essayé de présenter doit être jointe une série de portraits particuliers qui achèvent par le détail de compléter cette étude psychologique. Dans cette masse des femmes nous avons à distinguer des individualités précises. Zachi, Zéphis, Fatmé, Zélis, Roxane, et la femme guèbre Astarté, méritent de retenir toute notre attention.

Sémillante, enjouée, lascive, aimant les distractions, telle nous apparaît au premier abord Zachi. C'est elle qui écrit la première lettre à Usbek. Elle vit de ses souvenirs d'amour après cette promenade à la campagne sous la conduite du chef des eunuques. Ses sens non assoupis la portent à l'abandon, mais un abandon tendre, délicat, capable d'émotion : « J'errois d'appartements en appartements, te cherchant toujours, et ne te trouvant jamais ; mais rencontrant partout un cruel souvenir de ma félicité passée. » Elle a une puissance d'évocation, de retour en arrière qui marque une nature capable de recevoir de profondes empreintes. C'est une sensuelle ingénue. Elle a été contente de gagner les suffrages d'Usbek dans le fameux concours de beauté où elle s'est présentée dans le plus simple appareil. Elle avoue ingénument ses pensées. Il y a eu chez elle le désir de s'élever comme aussi de l'amour véritable fondé en grande partie sur l'amour-propre. Elle a voulu être l'unique amour, ou tout au moins la grande passion du maître : « Je te l'avoue, Usbek, une passion encore plus vive que l'ambition me fit souhaiter de te plaire. Je me vis insensiblement devenir la maîtresse de ton cœur ; tu me pris ; tu me quittas ; tu reviens à moi, et je sus te retenir ; le triomphe fut tout pour moi, et le désespoir, pour mes rivales. Il me sembla que nous fussions seuls dans le monde, tout ce qui nous entourait ne fut plus digne de nous occuper. » Sensuelle, oui, mais aussi sensible, et c'est bien toute la différence qu'elle met avec vanité entre l'amour de ses compagnes pour Usbek et celui qu'elle-même lui porte : « Si elles avaient bien vu mes transports, elles auraient senti la différence qu'il y a de mon amour au leur ; elles auraient vu que, si elles pouvaient disputer avec moi de charmes, elles ne pouvaient pas disputer de sensibilité... » Aussi est-elle désespérée du départ d'Usbek et laisse couler ses larmes.

Elle tient aussi la chronique du harem. Elle raconte, dans la lettre 47, comment elle s'est réconciliée avec Zéphis, car elle est bonne fille. Elle apprend à Usbek ce qui pourrait lui faire plaisir, c'est-à-dire les précautions prises par les eunuques pour conserver la vertu des femmes. Elle n'est pas incapable de pitié quand elle plaint les deux infortunés sacrifiés à l'honneur d'Usbek et de ses femmes. Elle raconte les péripéties de la petite tempête au milieu du fleuve. Elle paraît d'un conformisme désarmant et elle adore toujours Usbek après deux ans. Ingénuité ou rouerie ? Pourtant sa vertu cède. C'est un beau parleur : « J'ai trouvé Zachi couchée avec une de ses esclaves », dit le grand eunuque dans la lettre 146. Faut-il lui prêter des mauvaises mœurs ? Toujours est-il qu'elle en reçoit un traitement indigne : une fessée. Elle s'exaspère, dans sa fierté son courroux n'y peut tenir. Elle a le sentiment de sa dignité offensée et ne montre que mépris pour le vil esclave qui l'a punie. Pourtant son amour est-il intact ? Elle paraît sincère. « J'ai soutenu ton absence, et j'ai conservé mon amour par la force de mon amour. Les nuits, les jours, les moments, tout a été pour toi. J'étais superbe de mon amour même, et le tien me faisait respecter ici. Mais, à présent... non ! Je ne puis plus soutenir l'humiliation où je suis descendue. Si je suis innocente, reviens pour m'aimer. Reviens, si je suis coupable, pour que j'expire à tes pieds. » La lettre 20 nous révèle les soupçons sur Zachi : on l'a trouvée seule avec Nadir, eunuque blanc, qui payera de sa tête son infi-

160

délité et sa perfidie. Comment a-t-elle pu s'oublier jusqu'à recevoir dans sa chambre un eunuque blanc alors qu'elle en a de noirs destinés à la servir ?

Elle se voit pardonnée. Elle en veut à sa première esclave, parce qu'elle lui a dit que les familiarités qu'elle prenait avec la jeune Zélide étaient contre la bienséance. Et telle est la raison de sa haine. Elle a toute la tendresse d'Usbek. Elle l'aime en le trompant.

Zéphis ne la vaut certes pas. Dès le début elle donne l'occasion à Usbek d'exercer ses soupçons, ses relations avec Zélide son esclave sont suspectes, elle ment effrontément, même prise sur le fait, affirme qu'on a mal interprété ses gestes et paroles ; sa déclaration d'amour à Usbek est une clause de style, sèche, malgré ses larmes de dépit. Zélis est peut-être plus tortueuse. Elle aussi se met comme Zachi en frais pour Usbek. Elle lui fait part du mariage de son esclave Zélide avec Cosrou l'eunuque blanc. Après avoir plaint les infortunés qui n'auront qu'une ombre de mariage, elle marque une curiosité malsaine qui indique sur quelle pente elle-même se trouve au bout de la deuxième année de l'absence d'Usbek. Elle se contenterait peut-être d'un mariage comme celui de Zélide, car elle a entendu dire d'Usbek, précise-t-elle perfidement, « qu'on peut bien cesser d'être homme, mais non pas d'être sensible, et que, dans cet état, on est comme dans un troisième sens, où l'on ne fait, pour ainsi dire, que changer de plaisirs... Si cela étoit, ajoute-t-elle, je trouverois Zélide moins à plaindre ». Elle a décidément l'esprit mal tourné. C'est elle qui fait part encore à Usbek du mariage de Suphis et du scandale qui s'y est produit à la lettre 70 : Suphis croyant que sa femme n'était pas vierge, l'a renvoyée à son père après l'avoir odieusement brutalisée.

Elle se pose en mère modèle, ce qui lui vaut les compliments d'Usbek. Mais au fond elle porte un masque. Elle donne des soupçons au grand eunuque quand à la mosquée elle laisse tomber son voile et paraît à visage découvert devant tout le peuple. Une lettre a été interceptée qui était adressée à une des femmes du sérail. Usbek la soupçonne d'être celle à qui elle est adressée et il la fait surveiller, mais cet imbécile de Narsit la laisse aller à la campagne avec Roxane ; on devine qu'elle n'y a pas perdu son temps. Elle est punie à retardement par une fessée, comme Zachi, et comme Zachi elle écrit à Usbek une lettre indignée, mais elle ne contient que sa rage et aucune protestation d'amour. Elle écrit insolemment à Usbek : « Qu'un eunuque barbare porte sur moi ses viles mains, il agit par votre ordre. C'est le tyran qui m'outrage, et non pas celui qui exerce la tyrannie. » Que lui font désormais ces mauvais traitements, elle dit froidement à Usbek qu'elle ne l'aime plus : mais en même temps, elle l'injurie cruellement et lui retourne le couteau dans la plaie : « Votre âme

162

se dégrade, et vous devenez cruel. Soyez sûr
que vous n'êtes point heureux. » Elle compte
bien ne plus le revoir. Son adieu est un cin-
glant coup de fouet. En fait elle ne l'a jamais
aimé, et elle ose enfin dire la vérité.

La lettre 62 nous permet de bien connaître
Zélis. Elle s'occupe de sa fille. Elle veut l'habi-
tuer de bonne heure aux lois du sérail. Elle
raisonne sur son état. Elle laisse peut-être paraître un certain persiflage, quand elle parle
de la subordination où la nature a mis les
femmes. Pour elle, ce n'est pas assez de la lui
faire sentir, il faut la lui faire pratiquer. Le
devoir serait insuffisant, c'est pour cela que les
femmes ont des désirs comme les hommes.
Mais elle raisonne *en philosophe* sur son état :
« La nature, industrieuse en faveur des hommes, ne s'est pas bornée à leur donner des
désirs : elle a voulu que nous en eussions nous-
mêmes, et que nous fussions des instruments
animés de leur félicité ; elle nous a mises dans
le feu des passions, pour les faire vivre tran-
quilles ; s'ils sortent de leur insensibilité, elle
nous a destinées à les y faire rentrer, sans que
nous puissions jamais goûter cet heureux état
où nous les mettons. » Elle est un tantinet précieuse et moqueuse assez : elle jouit de son
imagination, et elle a eu des plaisirs par là qui
sont inconnus d'Usbek. Et elle ajoute : « Dans
la prison même où tu me retiens, je suis plus
libre que toi : tu ne saurais redoubler tes
attentions pour me faire garder, que je ne

jouisse de tes inquiétudes, et tes soupçons, ta jalousie, tes chagrins sont autant de marques de dépendance. »

Plus spontanée, mais si animale nous paraît Fatmé. Elle est physiquement malade d'amour, et tout comme Zachi elle fait sa déclaration à Usbek mais avec combien moins de délicatesse. Elle étale vulgairement sa passion. Peut-être est-elle mariée depuis peu. De toute façon le visage d'Usbek est le premier visage d'homme qu'elle ait vu. Elle le compare aux eunuques affreux qui l'entourent, et elle envoie à son époux et amant ses protestations d'amour enflammées. Elle a parfaitement la mentalité de la femme du sérail. Elle se soigne le corps et se pare pour être prête pour l'époux dont elle appelle le retour de ses vœux. Elle est la plus impudique et sa passion rappellerait les effusions de Phèdre : « Tu ne le croirais pas Usbek ; il est impossible de vivre dans cet état ; le feu coule dans mes veines ? Que ne puis-je t'exprimer ce que je sens si bien. » Elle l'exprime à merveille : c'est une femme qui a du tempérament.

Pourtant ce n'est pas la préférée d'Usbek. C'est Roxane la favorite, cette Roxane qui porte un nom déjà illustre dans notre littérature et qui ne semble pas démériter en dissimulation de son homonyme. Roxane est la toute nouvelle femme d'Usbek comme lui-même nous l'apprend à la fin de la vingtième lettre. C'est Usbek qui lui écrit le premier, la lettre 26. Il

164

garde sa belle fleur jalousement dans l'ombre
du sérail d'Ispahan, et nous allons apprendre
tout le culte dont il l'entoure. Culte d'ailleurs
dont il la croit digne. La résistance même
qu'elle lui a témoignée au moment du mariage
et en pleine lune de miel n'en est-elle pas la
preuve ? Pudique, oui, elle l'est, croit Usbek —
et quelle pudeur ! — alarmant et alertant sa
mère pour échapper aux légitimes entreprises
de son époux, dans un combat de l'amour et
de la vertu. Et pourtant jusque dans la posses-
sion Roxane est restée mystérieuse : « Votre
air confus semblait me reprocher l'avantage
que j'avais pris. Je n'avais pas même une pos-
session tranquille : vous me dérobiez tout ce
que vous pouviez de ces charmes et de ces
grâces, et j'étois enivré des plus grandes faveurs
sans avoir obtenu les moindres. » Chaste, voilà
ce qu'elle est, pense Usbek. Il ne connaît pas
la vérité. La vérité, nous allons commencer à
la connaître quand elle demande à partir pour
la campagne, ce que Narsit ne lui a pas refusé
d'après la lettre 151. Mais elle éclate dans la
lettre 158 de Solim : « Roxane, la superbe
Roxane ! O ciel ! à qui se fier désormais ? Tu
soupçonnais Zélis, et tu avais pour Roxane une
sécurité entière, mais sa vertu farouche était
une cruelle imposture ; c'était le voile de sa
perfidie. Je l'ai surprise dans les bras d'un jeune
homme, qui, dès qu'il s'est vu découvert, est
venu vers moi. » Pauvre jeune homme, il tombe
sous les coups des eunuques. La vérité est plus

terrible et plus touchante. L'histoire de Roxane est l'histoire d'un amour contrarié. Elle a été hypocrite, tant que le seul homme qu'elle aimait restait en vie. Après ce n'est plus la peine. Roxane elle-même s'empoisonne, après avoir dit son fait à Usbek. Héroïne tragique et touchante dans sa réalité, qui finit dans le poison et dans le sang. Histoire d'un amour fidèle et malheureux, contrarié par la tyrannie des parents et du sérail.

Au fond n'est-ce pas Roxane qui est la plus sympathique de toutes ces femmes et ne doit-elle pas être mise à côté de cette femme guèbre Astarté, qui reste à travers les épreuves, et malgré les séparations, obstinément fidèle à son amour incestueux, mais permis par sa nation, pour son frère, Apharédion ? Après voir été vendue comme esclave, connu les lois de l'Islam, épousé un eunuque, elle rejoint celui qu'elle aime et vit heureuse avec lui à Smyrne. Telle est la touchante histoire d'Apharédion et d'Astarté qui nous est contée dans la lettre 67 et qui complète d'une touche unique cette couleur psychologique de l'éternel féminin, avec ses nuances orientales.

Nous pouvons penser en effet que Montesquieu a atteint le résultat cherché et qu'il a suffisamment différencié ses groupes et ses individualités pour que la psychologie de l'Orient et de la Perse apparaisse ici dans un éclat vraiment évocateur, sans faux bariolage, sinon sans exagération.

CHAPITRE XI

LE COSMOPOLITISME
DES *LETTRES PERSANES*

Le XVIIIᵉ siècle a donné l'exemple du cosmopolitisme et la plupart des grands écrivains, Voltaire, Rousseau, Diderot, Montesquieu, ont été cosmopolites. Le cosmopolitisme est à la fois un mode de vie et une attitude intellectuelle, mode de vie qui fait entretenir des rapports avec des pays étrangers et ses représentants les plus qualifiés, attitude intellectuelle qui par le refus de l'homme de s'enfermer dans sa propre patrie et d'ériger en loi ses seules mœurs, ses seules institutions, ses seules pensées, fait chercher au-delà des frontières ce qui paraît le meilleur quand on ne le trouve pas chez soi et substitue plus ou moins au nationalisme la citoyenneté du monde. Cette façon de voir et d'agir, nous la trouvons chez Montesquieu. Montesquieu sera un cosmopolite. Il visitera l'étranger.

Comme Montaigne Montesquieu fera un voyage en Italie mais il finira par l'Allemagne et pratiquement ce sera un véritable tour d'Europe. Depuis longtemps il médite de partir. Il attendra l'occasion favorable. Justement lord Waldegrave, le neveu de Berwick, est nommé ambassadeur d'Angleterre à Vienne. Montesquieu, désireux de profiter de cet introducteur de marque, va partir avec lui. Les voilà en route le 5 avril 1728. Ils arrivent à Vienne le 2 mai, ne s'étant arrêtés vraiment nulle part. Montesquieu y demeure jusqu'au 20 mai, ensuite il pousse une pointe jusqu'à la Hongrie. Après ce crochet il descend vers l'Italie ; le 16 août il parvient à Venise, puis par Padoue, Vienne, Vérone, Milan, Turin, Gênes, Pise, Florence, il parvient à Rome le 19 janvier 1729 ; le voici à Naples le 23 avril, mais il est de retour à Rome le 6 mai et il y prolonge son séjour jusqu'au 4 juillet. Il va revenir par Ancône, Bologne, Modène, Vérone et traversant le Tyrol il pénètre en Bavière le 30 juillet. Il visite Munich, Augsbourg, Francfort, Mayence. Il suit le Rhin jusqu'à Duisbourg en bateau, passe par Munster et Hanovre, fait un crochet sur Brunswick et le Harz et retourne à Hanovre. De là il gagne la Hollande, se rend à Utrecht, à Amsterdam, à La Haye, et traversant la mer sur le yacht de lord Chesterfield, il arrive en octobre 1729 en Angleterre où il restera jusqu'en avril 1731, pour revenir enfin en France.

En somme dans ce voyage rapide, surtout touristique, Montesquieu a passé trois mois en Autriche, onze mois en Italie, deux mois en Allemagne, une semaine ou deux en Hollande, un an et demi en Angleterre. Il noue des rela-

tions nouvelles, il est reçu dans les milieux diri-
geants et il a quantité d'amis et de correspondants étrangers : le père bientôt monseigneur
Cerati, l'abbé Venuti, l'abbé Viccolini, l'abbé
et le comte de Guasco, le grand prieur de Malte
Solar, Thomas Nugent, Stanislas Peczinski,
Warburton, le juge Bertolini, d'autres encore.
Ses lectures sont innombrables : Grotius, Puf-
fendorf, Machiavel, Locke, Bolingbroke, Shaf-
tesbury, Hobbes, Hume, Addison, Swift. Bien
avant Voltaire il avait fait la découverte de
Newton, il entreprenait des relations avec la
société royale de Londres et il savait les querelles de théologie et de philosophie qui mirent
aux prises Freethinkers et Anglais conformis-
tes, comme il connaissait la lutte qui opposait
Bolingbroke et Robert Walpole, témoignage de
la crise constitutionnelle du gouvernement anglais. Et avant même d'entreprendre ces voyages qui lui feront connaître une grande partie
de l'Europe, avant même que toutes ses amitiés
étrangères aient été nouées, quand il n'a pas
encore érigé ce monument cosmopolite qui
s'appelle *L'Esprit des Lois*, Montesquieu manifeste ces tendances dans les *Lettres Persanes*.
Nous allons savoir comment.

Nous avons vu que les *Lettres* contenaient
en puissance l'œuvre du Président, comme elles
sont l'expression de ses désirs les plus profonds et l'historique de sa jeunesse. Il s'est
bien peint lui-même en Rica et en Usbek, jeune
provincial arrivant à Paris y faisant son appren-

tissage social, moral et intellectuel, tandis que les intrigues de sérail sont l'image très déformée d'intrigues menées autour de son foyer. D'autre part la forme même d'un voyage en Europe donnée aux *Lettres Persanes* semble bien une préfiguration des voyages personnels déjà projetés. Rica et Usbek accomplissent en sens inverse le voyage que Montesquieu rêve lui-même de faire pour satisfaire sa curiosité universelle, aussi grande que celle de son compatriote Montaigne, voyageur en Allemagne, en Suisse et en Italie. Comme on l'a dit, Montesquieu nous a tracé son programme dans la lettre 31 envoyée de Venise par Rhédi à Usbek : « Je suis à présent à Venise, mon cher Usbek, écrit-il... Je serais charmé de vivre dans une ville où mon esprit se forme tous les jours. Je m'instruis des secrets du commerce, des intérêts des princes, de la forme de leur gouvernement ; je ne néglige pas même les superstitions européennes ; je m'applique à la médecine, à la physique, à l'astronomie ; j'étudie les arts ; enfin je sors des nuages qui couvroient mes yeux dans le pays de ma naissance. »

De fait le Président n'aura pas, n'aura guère d'autre objectif, quand quelques années plus tard il entreprendra son tour d'Europe pour parfaire la documentation nécessaire à *L'Esprit des Lois*. Pour le moment il s'est déguisé en Persan, et il va rester en France pendant les neuf ans que dure l'action romanesque. En fait de cosmopolitisme, c'est une objection dira-t-on,

n'est-ce pas se montrer farouchement français que de garder ces deux étrangers, nos
hôtes pendant si longtemps à Paris, sans leur
permettre en quelques sorte de sortir de nos
frontières ? Montesquieu s'en tire par une élégante explication dans la lettre 23, d'Usbek à
Rhédi : « Le dessein de Rica et le mien est de
nous rendre incessamment à Paris, qui est le
siège de l'Empire d'Europe. Les voyageurs cherchent toujours les grandes villes, qui sont une
espèce de patrie commune à tous les étrangers. » Cosmopolitisme ? Montesquieu triche-
t-il ? Nous savons bien que la description de
la France ou plus exactement de Paris et des
Français, de leurs mœurs et de leurs institutions domine, mais n'est-ce pas le voyageur
Montesquieu qui fait le point avant de se mettre en route et surtout avons-nous songé que
le centre de l'intérêt des *Lettres* est cosmopolite, qu'il nous fait osciller de l'Orient à l'Occident, par une référence perpétuelle aux us et
coutumes de l'Orient et de la Perse, par cette
intrigue de sérail qui commence le livre, se
poursuit plus discrètement en son milieu et
reçoit son dénouement dans les dernières lettres ? Soit, dira-t-on, nous sommes partagés
entre la France et la Perse, et le cosmopolitisme exige qu'on ne se limite pas à une ou
deux nations. Pourtant Rica et Usbek en ins-
tituant ces comparaisons ne les limitent pas,
mais au contraire ils font de la France et
de la Perse comme les symboles de l'Europe

et de l'Asie, de l'Occident et de l'Orient. Ils procèdent par induction pour aboutir à une conclusion générale et cosmopolite. Usbek oppose-t-il pour Rhédi dans la lettre 88 les grands seigneurs français et les grands seigneurs persans, ou pour Ibben dans la lettre 102 le pouvoir des princes en Perse à celui du roi de France, Rica dans la lettre 34 montre-t-il au même Ibben ce qui sépare les Françaises des Persanes, ni l'un ni l'autre ne limitent le champ de leur conclusion, au contraire. Ils savent élever le débat en lui donnant l'extension géographique. Parlant du vin si cher à Paris, et de ses funestes effets, Usbek continue : « C'est la sagesse des Orientaux de chercher des remèdes contre la tristesse avec autant de soin que contre les maladies les plus dangereuses. Lorsqu'il arrive quelque malheur à un Européen, il n'a d'autre ressource que la lecture d'un philosophe qu'on appelle *Sénèque* ; mais les Asiatiques, plus sensés qu'eux, et meilleurs physiciens en cela, prennent des breuvages capables de rendre l'homme gai et de charmer le souvenir de ses peines. » Avant même de parler du roi de France et du roi de Perse, Usbek dans la lettre 102 nous donne un tableau des Etats de l'Europe. Cette fois il a substitué la déduction à l'induction, dans une vue d'ensemble, sommaire et complète à la fois dans l'essentiel : « Les plus puissants Etats de l'Europe sont ceux de l'Empereur, des rois de France, d'Espagne et d'Angleterre. L'Italie et une grande partie de l'Allemagne sont partagées en un nombre infini de petits états, dont les princes sont, à proprement parler, les martyrs de la souveraineté. Nos glorieux sultans ont plus de femmes que quelques-uns de ces princes n'ont de sujets. Ceux d'Italie, qui ne sont pas si unis, sont plus à plaindre : leurs états sont ouverts comme des caravansérails, où ils sont obligés de loger les premiers qui viennent ; il faut donc qu'ils s'attachent aux grands princes et leur fassent part de leur frayeur plutôt que de leur amitié. » De même si comme Usbek rend compte à Ibben dans la lettre 23 de ses impressions de Livourne, ce ne sont pas celles d'un Persan dans une ville italienne, mais celles d'un maho-métan dans une ville chrétienne ; mieux encore, Usbek décrira à Roxane dans la lettre 26 le contraste des mœurs féminines en Orient et en Occident : Roxane y devient le symbole de l'Orientale chaste et pudique, la Française l'image de la Femme d'Europe. Le procédé est identique dans la lettre 89 d'Usbek à Ibben sur l'influence que le sentiment de l'honneur peut avoir en Orient et en Occident. Dans la lettre 105 Rhédi se place sur le plan européen pour expliquer à Usbek les inconvénients de la culture des sciences et des arts en Occident. Et c'est en se plaçant au même point de vue qu'Usbek lui répond dans la lettre suivante. Il utilisera l'exemple particulier de Paris pour dire les avantages de cette culture, mais il généralise en concluant à la faiblesse des Etats sans industrie. Usbek fait mieux encore dans ses études de sociologie lorsque dans une série de lettres [1] il étudie les causes de la population et de la dépopulation de la terre. Du plan européen il est passé au plan universel. Cessant d'être persan, il est pleinement citoyen du monde. Tous les continents défilent devant nous, de l'Asie et de l'Europe nous passons à l'Afrique et de l'Afrique à l'Amérique ; s'il ne dit rien de l'Océanie c'est qu'elle n'a pas encore été rendue familière par les voyages de Cook et de Bougainville. Pour traiter par exemple de l'influence des colonies sur la population, il passe en revue les Romains, les Persans, les Turcs, les Nègres, les Juifs, les Maures, les Espagnols, les Portugais. De même dans la visite que fait Rica à la bibliothèque publique et qui nous occupe pendant cinq lettres, nous ne restons nullement cantonnés dans la littérature et les livres français. Reportons-nous à la lettre 136 : « Voyez premièrement les historiens de l'Eglise et des Papes... Là ce sont ceux qui ont écrit de la décadence du formidable Empire romain... Voyez ici les historiens de l'Empire d'Allemagne, qui n'est qu'une ombre du premier Empire... Voici les historiens de France où l'on voit d'abord la puissance des Rois se former, mourir deux fois, renaître de même... Là vous voyez la nation espagnole sortir de quelques montagnes... Ce sont ici les historiens

---

1. 113 à 122.

d'Angleterre, où l'on voit la liberté sortir sans cesse des feux de la discorde et de la sédition... Tout près de là sont les historiens de cette autre, reine de la Mer, la République de Hollande, si respectée en Europe et si formidable en Asie, où ses négociants voyent tant de rois prosternés devant eux... Les historiens d'Italie vous représentent une nation autrefois maîtresse du monde, aujourd'hui esclave de toutes les autres... Voilà les historiens des républiques : de la Suisse qui est l'image de la liberté ; de Venise, qui n'a de ressources qu'en son économie ; et de Gênes, qui n'est superbe que par ses bâtimens... Voici ceux du Nord et entr'autres, de la Pologne, qui use si mal de sa liberté et du droit qu'elle a d'élire ses rois, qu'il semble qu'elle veuille consoler par là les peuples ses voisins, qui ont perdu l'un et l'autre. »

La curiosité de Montesquieu dans ses Persans est déjà universelle, mais ne reste-t-elle pas, se demandera-t-on, trop générale ? Le citoyen de l'Univers ne risque-t-il pas de se perdre dans une vision plus ou moins abstraite des caractères et des manifestations ethniques, à propos d'une question donnée ? N'y a-t-il pas aussi dans le cosmopolitisme une curiosité spécifique qui fait regarder les peuples dans leurs traits particuliers, qu'ils n'ont pas en commun avec d'autres ? Nous ne séjournerons pas toujours en France pour cela, et si Usbek et Rica ne quittent guère Paris que pour aller dans les environs immédiats, nous connaîtrons cependant une bonne partie de l'Asie et une grande partie de l'Europe, sans compter une portion appréciable d'Amérique. D'abord le voyage même de Rica et d'Usbek sera l'occasion de détails circonstanciés sur l'Empire Ottoman et les Turcs. Déjà Montesquieu parle du corps malade : « Les bachas, qui n'obtiennent leurs emplois qu'à force d'argent, entrent ruinés dans les provinces et les ravagent comme des pays de conquête. Une milice insolente n'est soumise qu'à ses caprices. Les places sont démantelées ; les villes, désertes ; les campagnes, désolées, la culture des terres et le commerce, entièrement abandonnés. » On sait bien que c'est un Persan qui parle, mais ne traduit-il pas le sentiment de tous les voyageurs européens de l'Europe quand il décrit les Turcs : « Ces barbares ont tellement abandonné les arts, qu'ils ont négligé jusques à l'art militaire. Pendant que les nations d'Europe se raffinent tous les jours, ils restent dans leur ancienne ignorance, et ils ne s'avisent de prendre leurs nouvelles inventions qu'après qu'elles s'en sont servies mille fois contre eux. » Il dénonce leur incapacité de marins : « Ils n'ont aucune expérience de la mer, point d'habileté dans la manœuvre. » Enfin, leur inaptitude au commerce et leur rancune contre les Européens sont soulignées avec autant d'exactitude : « Incapables de faire le commerce, ils souffrent presque avec peine que les Européens, toujours laborieux et entreprenans, viennent le faire : ils croyent faire grâce à ces étrangers de permettre qu'ils les enrichissent. » Plus loin dans la lettre 123 il parlera des désastres des Turcs. Usbek exprime bien dans le dernier paragraphe la haine héréditaire du Persan pour les « Osmanlis », enfants du Prophète que le détestable Omar a dévoyés, mais l'histoire et la philosophie de l'histoire l'intéressent au même titre, une philosophie providentielle : « L'empire des Osmanlins est ébranlé par les deux grands échecs qu'il ait jamais reçus : un moufté chrétien ne le soutient qu'à peine ; le grand vizir d'Allemagne est le fléau de Dieu, envoyé pour châtier les sectateurs d'Omar ; il porte par-tout la colère du Ciel irrité contre leur rébellion et leur perfidie. »

A côté des Turcs les Juifs. Usbek leur consacre la lettre 60 qu'il envoie à Ibben. Il montre comment ils forment au XVIIIe siècle encore une nation dispersée, ayant des traits génériques et distinctifs, les mêmes d'un continent à l'autre : « Rien ne ressemble plus à un Juif d'Asie qu'un Juif européen. » Il mentionne leur foi en leur religion, leur mépris pour les autres. En dernier lieu il fait valoir la tolérance dont ils commencent à bénéficier en Europe, et qu'il voudrait bien voir s'étendre à l'Asie et à la Perse. Il nous est bien montré dans la lettre 29 un Ben Josué, prosélyte mahométan à Smyrne, à qui Hagi Ibbi raconte la naissance de Mahomet. Mais c'est une exception. La tolérance de Rica devient même de l'amitié pour les fils d'Israël. Un de ses correspondants, celui de la lettre 143, n'est-il pas Nathanaël Lévi, médecin juif à Livourne ? Dès l'abord il prend soin de dire ce qu'ils ont en commun : « Tu me demandes ce que je pense de la vertu des amulettes et de la puissance des talismans. Pourquoi t'adresses-tu à moi ? Tu es juif, et je suis mahométan ; c'est à dire que nous sommes tous deux bien crédules. » Les Tartares et la Tartarie, les Circassiennes, l'Indienne jaune qui font l'objet de diverses lettres, comme une assez longue mention de la Chine, étendent ce cosmopolitisme du côté de l'Asie. Mais le cosmopolitisme est au XVIIIe siècle surtout européen. Il est naturel que Montesquieu nous entraîne à la suite d'Usbek et de Rica et surtout de leurs correspondants qui lui servent de « supporters » sur les routes et dans les pays d'Europe. L'Italie d'abord a été visitée, puisque nos deux Persans arrivent à Livourne après quarante jours de navigation : Usbek la voit avec les yeux du voyageur que sera bientôt Montesquieu : « C'est une ville nouvelle ; elle est un témoignage du génie des ducs de Toscane qui ont fait d'un village marécageux la ville d'Italie la plus florissante. » Le Président sous les traits d'Usbek ne peut manquer de s'intéresser aux femmes, et ce sont des femmes italiennes qu'il nous dépeint : « Les femmes y jouissent d'une grande liberté. Elles peuvent voir les hommes à travers certaines fenêtres qu'on nomme *jalousies* ; elles peuvent sortir tous les jours avec quelques vieilles qui les accompagnent ; elles n'ont qu'un voile. » Constamment Usbek et Rica auront des correspondants en Italie. Rhédi quitte Smyrne dans le dessein de voir l'Italie et Rhédi se montrant à Venise caractérise à merveille dans la lettre 31 la cité des eaux, bâtie sur l'eau, mais manquant d'eau potable : « Je suis à présent à Venise, mon cher Usbek. On peut avoir vu toutes les villes du monde et être surpris en arrivant à Venise : on sera toujours étonné de voir une ville, des tours et des mosquées sortir de dessous l'eau, et de trouver un peuple innombrable dans un endroit où il ne devrait y avoir que des poissons. » Mais à l'étonnement admiratif succède celui de la déception : « Cette ville profane manque du trésor le plus précieux qui soit au monde, c'est à dire d'eau vive ; et il est impossible d'y accomplir une seule ablution légale. »

De l'Italie nous pouvons passer à l'Espagne. Grâce à la lettre que Rica envoie à Usbek, lettre d'un Français sur les Espagnols et sur les Portugais. Sans doute l'humour qui consiste à résumer la gravité des Ibériques dans le port de la moustache et des lunettes est-il un peu forcé et dénature-t-il la vérité, mais ce qui est dit sur l'orgueil, la noblesse, la dévotion, la jalousie, l'amour, la politesse est exact. Ici encore Montesquieu se montre ami du petit trait, de l'étude analytique et inductive : « Ils ont de petites politesses qui en France, paraîtraient mal placées : par exemple, un capitaine ne bat jamais son soldat sans lui en demander permission, et l'Inquisition ne fait jamais brûler un Juif sans lui faire ses excuses. » Et naturellement il en vient aux découvertes immenses qu'ils ont faites dans le Nouveau Monde. Il montre qu'ils ne connaissent pas entièrement leur propre continent et que leur méthode colonisatrice n'avait rien de bon, puisque, au lieu de civiliser les Indiens, ils préfèrent les anéantir : « Les Espagnols, nous dit la lettre 121 qui parle longuement d'eux, désespérant de retenir les nations vaincues dans la fidélité, prirent le parti de les exterminer, et d'y envoyer d'Espagne des peuples fidèles. Jamais dessein horrible ne fut plus ponctuellement exécuté. On vit un peuple aussi nombreux que tous ceux de l'Europe ensemble disparaître de la terre à l'arrivée de ces barbares qui semblèrent, en découvrant les Indes, n'avoir pensé qu'à découvrir aux hommes quel étoit le dernier période de la cruauté. »

L'étude de l'Espagne, en deux ou trois lettres, est la plus complète de celles des pays mentionnés, la France et la Perse exceptées, que nous trouvions dans notre recueil, mais Montesquieu ne s'en tient pas aux Etats du midi, il remonte au nord. Ainsi dès la lettre 51, grâce à Nargum, envoyé de Perse en Moscovie, nous apprenons à connaître la Russie, naguère encore peu familière à l'Europe occidentale et que Pierre le Grand, comme les campagnes de Charles XII de Suède, signale à l'attention et à la curiosité des Français. Il parle de l'étendue de la domination du tsar : « Son empire est plus grand que le nôtre ; car on compte mille lieues depuis Moscou jusqu'à la dernière place, de ses états du côté de la Chine. » Les renseignements fournis par Chardin ont été utilisés avec bonheur. On précise la tyrannie du souverain : « Il est le maître absolu de la vie et des biens de ses sujets, qui sont tous esclaves, à la réserve de quatre familles. » Le point de vue historique, l'actualité politique de Pierre le Grand passionnent Nargum-Montesquieu, qui va faire l'apologie du tsar, ami des Lumières et du progrès : « Mais le prince qui règne à présent a voulu tout changer : il a eu de grands démêlés avec eux au sujet de leur barbe ; le clergé et les moines n'ont pas moins combattu en faveur de leur ignorance. Il s'attache à faire fleurir les arts et ne néglige rien pour porter dans l'Europe et l'Asie la gloire de sa nation, oubliée jusques ici et presque uniquement connue d'elle-même. » Précisément ce qui séduit Montesquieu en Pierre le Grand, c'est qu'il a laissé l'isolationnisme et qu'il est devenu cosmopolite : « Inquiet et sans cesse agité, il erre dans ses vastes états, laissant partout des marques de sa sévérité naturelle. Il les quitte, comme s'ils ne pouvaient le contenir, et va chercher dans l'Europe d'autres provinces et de nouveaux royaumes. » Malgré toute l'attention qu'il porte au souverain, Montesquieu n'a garde d'oublier les mœurs de ses sujets. Il nous donne des détails pittoresques sur l'hospitalité russe, sur les rapports des maris et des femmes, sur leurs attachements aux traditions.

Au contraire l'Angleterre et la suite seront considérées d'un point de vue beaucoup plus particulier. Ainsi la lettre 104 nous renseigne sur l'idée qu'ont les Anglais des droits du prince. Mais par ce biais il fait encore la psychologie de tout un peuple. Voyons plutôt : « Tous les peuples d'Europe ne sont pas également soumis à leurs princes : par exemple, l'humeur impatiente des Anglais ne laisse guère à leur roi le temps d'appesantir son autorité ; la soumission et l'obéissance sont les vertus dont ils se piquent le moins. Ils disent là-dessus des choses bien extraordinaires. Selon eux, il n'y a qu'un lien qui puisse attacher les hommes, qui est celui de la gratitude : un mari, une femme, un père et un fils ne sont liés entre eux que par l'amour qu'ils se portent, ou par les bienfaits qu'ils se procurent », de là les conséquences politiques d'un tel état d'esprit : « Si un prince, bien loin de faire vivre ses sujets heureux veut les accabler et les détruire, le fondement de l'obéissance cesse : rien ne les lie, rien ne les attache à lui, et ils rentrent dans leur liberté naturelle. Ils soutiennent que tout pouvoir sans bornes ne saurait être légitime, parce qu'il n'a jamais pu avoir d'origine légitime. »

Quand il nous parle de la Suède, c'est d'un

point de vue plus spécifique encore. C'est pour nous conter dans la lettre 127 la mort de Charles XII. Le seul trait qu'il donne des Suédois est d'avoir fait arrêter son Premier ministre, accusé d'avoir calomnié la nation et de lui avoir fait perdre la confiance de son roi ; de même il nous entretiendra dans la lettre 139 du désistement de la reine de Suède pour associer le prince son époux à sa couronne et qu'il rapproche du désistement de Christine au siècle précédent.

On le voit, la promenade à travers l'Europe est incomplète, mais elle reste très suggestive. Montesquieu a tissé dans ces lettres qui se situent en France comme un réseau cosmopolite de correspondants, de nouvelles descriptions. Il ne s'en tient pas à la seule comparaison de la France et de la Perse. Il va au-delà. Prenant la France et la Perse comme les symboles de deux civilisations, il essaie de différencier et d'unir. Usant de la méthode inductive, allant du particulier au général, plus rarement de la déduction, il nous donne l'idée non seulement de deux continents, mais de quatre. Et à l'intérieur même du continent européen lui-même prépare son voyage. Il est déjà attentif à ce qui se dit hors des frontières. Il ne veut pas être l'homme d'un pays. N'y a-t-il pas une certaine irritation ironique dans cette lettre 100 où le Président fait le procès de nos ancêtres à propos des emprunts qu'ils font et ne font pas aux étrangers : « Quand je te dis qu'ils méprisent tout ce qui est étranger, je ne parle que des bagatelles : car, sur les choses importantes, ils semblent s'être méfiés d'eux-mêmes jusqu'à se dégrader. Ils avouent de bon cœur que les autres peuples sont plus sages, pourvu qu'on convienne qu'ils sont mieux vêtus. » La résolution est prise pour lui et il l'explique ici avec netteté. Il veut être aux écoutes d'une pensée européenne, il veut être hors de France et en France. Il nouera des amitiés étrangères avec lord Waldegrave, Chesterfield, Bolingbroke, l'abbé Guasco. Il sera aussi le citoyen d'une Europe qui passera dans son *Esprit des Lois* et sur laquelle il aura une influence incontestable. Cosmopolites, certes, les *Lettres Persanes* le sont, mais ce cosmopolitisme ira jusqu'à un humanisme humanitaire, où l'homme dépouillé de préjugés et de frontières morales entre en rapport avec ses semblables et communie, avec eux, non plus dans l'universel et le général cher à l'esprit classique, mais avec le souci du bien-être collectif, de la sympathie charmante et polie, qui, malgré d'ironiques observations sur les traits ethniques particuliers, sait trouver un pacte social, une politisse d'échanges d'idées et de bons procédés entre individus et entre nations.

CHAPITRE XII

MONTESQUIEU CRITIQUE DES MŒURS

Montesquieu, nous le savons, retrace dans les *Lettres Persanes* les mœurs françaises du début du XVIIIᵉ siècle, c'est-à-dire de la fin du règne de Louis XIV et du commencement de la Régence. Il prend donc la suite presque immédiate de La Bruyère et il est le contemporain de Marivaux journaliste, éditeur du *Spectateur Français*. Ses Persans sont ainsi les spectateurs de la société et du temps où évolue le jeune Montesquieu. Montesquieu par leur truchement a le courage de regarder le milieu dont il profite avec des yeux non prévenus. Car il a jugé ses contemporains avec une grande sévérité. Il a vu que la Régence qui semble un état d'émancipation après la tutelle rigoriste du vieux roi et de Mᵐᵉ de Maintenon est un état d'exception et de déséquilibre grave pour la moralité de la nation. Ses contemporains, comme des enfants sages par contrainte et libérés de la surveillance, sont devenus démolisseurs. Le vice devient effronté. Les corps modérateurs, générateurs de vertu, c'est-à-dire l'Eglise, se perdent

en vaines disputes sur la Constitution Unigenitus et le désordre a gagné tous les milieux :
« Ce sont les femmes qui ont été les motrices
de toute cette révolte qui divise toute la Cour,
tout le Royaume et toutes les familles. Cette
Constitution leur défend de lire un livre que
tous les Chrétiens disent avoir été apporté du
Ciel : C'est proprement un Alcoran. Les femmes, indignées de l'outrage fait à leur sexe,
soulèvent tout contre la Constitution ; elles ont
mis les hommes de leur parti, qui, dans cette
occasion, ne veulent point avoir de privilège. »
Et ne croyons pas que la politique vaille mieux
que la religion. Où est l'honnêteté diplomatique
préconisée par Fénelon et le groupe du duc de
Bourgogne ? Qui gouverne nos relations exté-
rieures ? Des gens fourbes et de rien, qui mettent en pratique un machiavélisme effronté, des
gens sans foi, ni loi, tel Dubois. Comment les
hommes seront-ils honnêtes, quand l'Etat prône
la malhonnêteté ? Voyez Law lui-même et les
effets de son système (lettre 138) : « Tous ceux
qui étaient riches il y a six mois sont à présent
dans la pauvreté, et ceux qui n'avaient pas de
pain regorgent de richesses. Jamais ces deux
extrémités ne se sont touchées de si près.
L'Etranger a tourné l'Etat comme un fripier
tourne un habit : il fait paraître dessus ce qui
était dessous, et, ce qui était dessous il l'a mis
à l'envers. Quelles fortunes inespérées, incroya-
bles à ceux qui les ont faites ! Dieu ne tire pas
plus rapidement les hommes du néant. Que de

valets servis par leurs camarades et peut-être
demain par leurs maîtres ! » Dans cette universelle instabilité, la critique des mœurs se doit
de remarquer l'action pernicieuse des femmes.
Sans être antiféministe Montesquieu est un tant
soit peu méprisant pour nos arrière-grand-
mères. Dans la lettre 26 Usbek est choqué par
leurs mœurs frivoles et mêmes libertines :
« Que puis-je penser des femmes d'Europe ?
L'art de composer leur teint, les ornements
dont elles se parent, les soins qu'elles prennent
de leur personne, le désir continuel de plaire
qui les occupe, sont autant de taches faites à
leur vertu et d'outrages à leurs époux. » Si
Usbek ne croit pas qu'elles vont jusqu'à violer
la loi conjugale, en revanche leurs passions
dévastatrices sont dénoncées. « Ainsi dans le
jeu, car en Europe c'est un état que dêtre
joueur, un titre qui compte comme preuve de
naissance, de bien, de probité. Mais quelle vio-
lence frénétique y apportent les femmes ! Les
femmes y sont surtout très adonnées. Il est
vrai qu'elles ne s'y livrent guère dans leur jeunesse que pour favoriser une passion plus
chère ; mais, à mesure qu'elles vieillissent, leur
passion pour le jeu semble rajeunir, et cette
passion remplit tout le vide des autres. » Le
jeu est le couronnement chez elles de ce génie
de la dépense, du gaspillage, de la dissipation :
« Elles veulent ruiner leurs maris, et, pour y
parvenir, elles ont des moyens pour tous les
âges, depuis la plus tendre jeunesse jusques à

la vieillesse la plus décrépite, les habits et les équipages commencent le dérangement ; la coquetterie l'augmente ; le jeu l'achève. » Les vieilles femmes surtout sont terribles, il n'y a qu'à regarder neuf ou dix siècles en jupons rangés autour d'une table de jeu : « Elles sont là avec leurs espérances, leurs craintes, leurs joies, leurs fureurs. On aurait dit qu'elles n'auraient jamais le temps de s'apaiser, et que la vie allait les quitter avant leur désespoir. » Elles ont un rôle plus important encore. Voyez les maîtresses du roi. Voyez-les protéger non point les gens de mérite, mais ceux qui par leur bonne mine sont destinés aux bonnes fortunes. Car ce sont les valeurs des sentiments qui leur plaisent : « Que dis-tu d'un pays, lisons-nous dans la lettre 48, où l'on tolère de pareilles gens, et où on laisse vivre un homme qui fait un tel métier ? où l'infidélité, la trahison, le rapt, la perfidie et l'injustice conduisent à la considération ? » Et les femmes sont poussées vers le plaisir à l'instar de toute la nation ; ce peuple n'a aucun sérieux. On ne lui voit aucune qualité politique. S'il est sur le point de se faire juguler, c'est qu'il le veut bien. Ainsi les parlements auraient pu le défendre et le représenter. Qu'en est-il advenu ? Ils sont déchus et le temps qui détruit tout, la corruption des mœurs qui a tout affaibli, l'autorité suprême qui a tout abattu en a eu raison. Leur autorité d'après la lettre 93 n'est qu'une autorité languissante. Et pourtant, exilés, brimés, les parlements repré-

sentent un élément sain, dit en substance la
lettre 140 : « Ces compagnies sont toujours
odieuses : elles n'approchent des rois que pour
leur dire de tristes vérités, et, pendant qu'une
foule de courtisans leur représentent sans cesse
un peuple heureux sous leur gouvernement,
elles viennent démentir la flatterie et apporter
aux pieds du trône les gémissements et les
larmes dont elles sont dépositaires. » Allez chercher dans cette société naguère si hiérarchisée
ces corps autrefois pleins de vigueur et hono-
rés du respect. Les parlements sont jugulés, re-
légués à Pontoise comme celui de Paris, les gens
d'Eglise sont décriés.

Les prélats font des lois dont ils dispensent
ensuite. Quant aux nobles, anciens ou récents,
ils sont bel et bien ruinés. Tout cela est pitoya-
ble, a pour effet une confusion générale, une
anarchie permanente, où les forts terrassent
les faibles. Les classes privilégiées elles-mêmes
sont réduites à la plus triste condition et pour
Montesquieu, c'est la fin de tout, car il considère ces classes privilégiées comme le meilleur
contrepoids à la monarchie absolue. Mais là où
le mal lui apparaît grand c'est dans la vie familiale. Il n'y a plus de stabilité du foyer en raison de la liberté coupable dont jouissent les
conjoints courant après leurs propres plaisirs.
Il n'y a qu'à suivre les séances des tribunaux
comme Rica dans la lettre 86 : « Une femme
effrontée vient exposer les outrages qu'elle a
faits à son époux comme une raison d'en être

séparée... Un nombre infini de filles ravies ou séduites font les hommes beaucoup plus mauvais qu'ils ne sont. L'amour fait retentir ce tribunal. On n'y entend parler que de pères irrités, de filles abusées, d'amour infidèle et de maris chagrins. » La confiance, la foi mutuelle s'effrite dans les rapports des époux en France [1].

Et d'ailleurs, il se produit dans cette société un renouvellement par le bas. Montesquieu reprend ici ce qu'il a déjà trouvé chez La Bruyère : « Le corps des laquais est plus respectable en France qu'ailleurs ; c'est un seminaire de grands seigneurs ; il remplit le vide des autres Etats. Ceux qui le composent prennent la place des grands malheureux, des magistrats ruinés, des gentilshommes tués dans les fureurs de la guerre ; et quand ils ne peuvent pas suppléer par eux-mêmes, ils relèvent toutes les grandes maisons par le moyen de leurs filles qui sont comme une espèce de fumier qui engraisse les terres montagneuses et arides. » Ces lignes connues de la lettre 99 marquent la rancune tenace de Montesquieu. Sans doute le Président lancé dans le tourbillon mondain a pris comme un malin plaisir à présenter un tableau dur et amer de la société qu'il fréquente. Il ne semble pas voir cependant un arrêt possible pour cette marée de corruption qui va montant. Mais il n'aurait pas été lui-même s'il ne laissait voir son ironie narquoise,

1. Lettre 55.

seule manifestation possible d'une vengeance.

A la critique des mœurs se joint le tableau des mœurs, ou plutôt le croquis caricatural de quelques personnages. Nous nous promenons dans le monde de fripons où vient en tête le fermier général, valant par les repas qu'il offre, son impolitesse, son insolence, sa basse naissance. Voici le directeur de conscience tartufe à l'habit noir, mais au teint fleuri, connaissant l'Evangile aussi bien que les propos galants, parlant de la chute à l'oreille d'une jolie pénitente. Voici le poète ridicule et misérable et fou, qui vit d'une vie quémandeuse et parasite, comme voici le savant impitoyable et arrogant envers les autres, alors qu'il est modeste pour lui-même. Avons-nous regardé cet extraordinaire maniaque érudit que nous peint la lettre 142, digne de La Bruyère : « Il y a quelques jours que je vendis ma vaisselle d'argent pour acheter une lampe de terre qui avait servi à un philosophe stoïcien. Je me suis défait de toutes les glaces dont mon oncle avait couvert presque tous les murs de ses appartements, pour avoir un petit miroir, un peu fêlé, qui fut autrefois à l'usage de Virgile : Je suis charmé d'y voir ma figure représentée au lieu de celle du cygne de Mantoue. Ce n'est pas tout : j'ai acheté cent louis d'or cinq ou six pièces de monnaie de cuivre qui avaient cours il y a deux mille ans. Je ne sache pas avoir à présent dans ma maison un seul meuble qui n'ait été fait avant la décadence de l'Empire. » Tel est cet

antiquaire maniaque et forcené, charge cari-
caturale de quelque académicien des Inscriptions. Mais continuons de suivre notre galerie
de portraits. Regardons ces grands seigneurs
et parmi eux cet homme important jailli des
Caractères qui sait renifler avec hauteur sa
prise de tabac, se moucher, cracher avec éloquence, et caresser avec un art complaisant son
chien. Voici que le Pascal des *Provinciales* res-
suscité ou plutôt les casuistes ne sont jamais
morts, et nous voyons parmi les moralistes le
casuiste qui apprend aux fidèles à différencier
les ordres du ciel, ceux qu'ils doivent exécuter
et ceux qu'ils peuvent violer impunément. Montesquieu n'épargne pas son propre ordre, puisqu'il nous présente un juge ignorant obligé de
s'en remettre aux avocats pour connaître et
discerner la justice des causes. Voici enfin les
nouvellistes des Tuileries, les vieilles coquettes,
les disputeurs littéraires des cafés qui s'invec-
tivent et se battent pour des cadavres disparus
depuis deux mille ans. Voyez le vieil officier,
mis à la retraite, l'alchimiste qui renouvelle
l'histoire de Perrette dans la lettre 45, la conversation de deux beaux esprits (pp. 173-174, lettre 54), et les ridicules de l'Université, et de
l'Académie, et les gens taciturnes et les diseurs
de rien (lettre 82, p. 161). S'il reconnaît la socia-
bilité des Français il nous retrace (lettre 87,
pp. 237-238) avec une ironie acerbe le portrait
du visiteur. Il ridiculise l'inconstance des modes
en France et celle des mœurs (lettre 100, p. 259)

qui basculent et se bousculent d'une génération à l'autre [2].

Montesquieu a évidemment comme critique et peintre de la société, comme portraitiste aussi, subi l'influence de La Bruyère. Mais peignant les mœurs, Montesquieu recherche et décèle les petits côtés, les travers, les ridicules, parfois les tares. Il n'a rien de l'art minutieux de son devancier. La Bruyère met en valeur les attitudes familières, le trait physique qui indique la défaillance morale dans un art consommé et achevé. Montesquieu au contraire cherche le trait brutal, sans chercher à distribuer la lumière, à varier les nuances. C'est presque un brutaliste. Ceci vaut pour la forme. Pour le fond la société française a évolué des *Caractères* aux *Lettres Persanes*, des traits à peine esquissés du temps de La Bruyère sont devenus éclatants. Mais en fait, nous voyons aussi dans les *Caractères* le jeu, les femmes, les vieilles coquettes, les gens de finance et les partisans, et les directeurs de conscience. Seulement cette liberté des mœurs est devenue licence. Seulement les passions, comme celle du jeu déjà indiquée dans les *Caractères*, se sont exacerbées, seulement les classes dirigeantes ont accusé leur décadence comme les forces spirituelles. Il y a une société qui se décompose et

2. Lettre 57, p. 178, éd. L. Versini, l'Académie (73, p. 213) ; même édition, Université (109, p. 273), le décisionnaire (72, p. 212).

Montesquieu l'a bien vu. Pourtant son tableau n'est pas aussi complet que celui de La Bruyère, il ne s'occupe guère que des gens du monde, de la société où il vit, on ne voit point chez lui passer les paysans, les bourgeois, avec cette précision qui achève les *Caractères*.

Son tableau des mœurs françaises reste-t-il valable ? A-t-il su bien voir, n'a-t-il pas trop exagéré ? Nous avons pour cela un autre point de repère, un de ses contemporains qui appartient en fait à la même classe sociale que La Bruyère, et qui fréquente les mêmes milieux que Montesquieu, les mêmes salons. C'est Marivaux, et après avoir confronté Montesquieu avec La Bruyère, les *Lettres Persanes* avec les *Caractères*, il est utile, sinon indispensable, de les confronter avec les articles de Marivaux écrits au jour le jour et où il nous donne la température de son temps, le tableau des mœurs de Paris. Relisons *Le Spectateur*, *Le Cabinet du Philosophe* et *L'Indigent Philosophe*, et nous aurons à la fois la confirmation et le complément des *Lettres Persanes*. Le complément par la vie paysanne et bourgeoise, la confirmation par ce qu'il dit des salons, des nouvellistes, du théâtre, des directeurs, des financiers, de la noblesse et surtout des femmes qu'il connaît si bien, vieilles et jeunes, coquettes toujours infatigables.

CHAPITRE XIII

LES IDEES RELIGIEUSES
DE MONTESQUIEU

Nous trouvons enfin dans les *Lettres Persanes* le problème religieux. Montesquieu y a-t-il exprimé la défense de la religion, fait choix d'une religion, regardé les religions positives, esquissé une politique ecclésiastique ? Il a considéré la religion sous un aspect plus social et politique que métaphysique. La religion le préoccupe par ses incidences sur la vie de la nation. Il étudie dans les lettres les rapports entre la religion et la population, l'utilité de la morale religieuse en politique. Il dira dans *L'Esprit des Lois* (XXIV, 1) : « Comme on doit juger parmi les ténèbres celles qui sont les moins épaisses et parmi les abîmes ceux qui sont les moins profonds, ainsi l'on peut chercher entre les religions fausses celles qui sont les plus conformes au bien de la société, celles qui, quoiqu'elles n'aient pas l'effet de mener les hommes aux félicités de l'autre vie, peuvent le plus contribuer à leur bonheur dans celle-ci. » Grande est l'importance de la question religieuse dans la vie même de Montesquieu. Il a de nombreux parents d'Eglise. Le retour de sa famille est récent au catholicisme. Lui-même est catholique, mais sa femme est protestante pratiquante. Il n'est pas si indifférent qu'on le prétend. Sans doute on peut soupçonner un pamphlet anticatholique dans la *Dissertion sur la politique des Romains dans la religion* et être frappé par l'irrévérence des *Lettres Persanes*.

Mais peut-être fait-il allusion à son attitude dans les *Lettres Persanes* quand dans la pensée 2111 (I, 452) il écrit : « Un jeune homme qui, par ses raisonnements, n'est capable de prouver sa religion, ni de la détruire, se donne l'air d'en faire des railleries. Je dis qu'il se donne un air : car les railleries semblent supposer qu'il a raisonné, qu'il a examiné, qu'il a jugé ; enfin, qu'il est sûr de son fait. »

Il a eu une mort religieuse, selon une lettre de Mᵐᵉ Dupré de Saint-Maur de février 1755 : « Il accepta de faire tout ce qui convenait à un honnête homme dans la situation où il se trouvait. » Il se confesse à un jésuite, communie avec respect. Cette attitude est confirmée par les lettres de Marans et de Mᵐᵉ d'Aiguillon. Il déclare : « J'ai toujours respecté la religion ; la morale de l'Evangile est une excellente chose et le plus beau présent que Dieu pût faire aux hommes. »

Les jésuites qui l'assistent veulent se faire remettre les corrections qu'il a apportées aux *Lettres Persanes*. Il confia son manuscrit à

Mme Dupré en déclarant : « Je veux tout sacri-
fier à la raison et à la religion, mais rien à la
société : consultez avec mes amis et décidez
si cela doit paroître. » Il n'aime pas les jésuites,
d'autre part il n'a pas l'impression d'avoir
commis un délit bien grave dans les *Lettres*.

Il peut n'être pas clérical, sans cesser d'être
religieux. Au collège de Juilly, la religion a pu
être pour lui un devoir purement scolaire. Les
salons et les cercles qu'il fréquente ensuite ont
un snobisme irréligieux.

D'où les ironies conventionnelles des *Lettres*
sur le pape et l'Eglise, et une préoccupation et
un sens religieux assez nets. Ce qui importe
selon lui, d'après les lettres 35 et surtout 46, ce
n'est pas telle ou telle religion positive, c'est
l'esprit religieux : « Vivre en bon citoyen, observer les règles de la société et les devoirs de
l'humanité, voilà ce qui plaît à Dieu. » Remarquons que tout le XVIIIe siècle ne fut pas philosophe. La foi mystique s'exprime dans le
culte du Sacré-Cœur cher à Marie Alacoque.

Sans doute après l'incartade des *Lettres* la
vie et la réflexion le mûrissent. Il pratique un
conformisme de bon ton, il exprime une ortho-
doxie de classe et d'intérêt. Dans ses *Voyages* [1]
il dira : « Les hommes sont grandement sots !
Je sens que je suis plus attaché à ma religion
depuis que j'ai vu Rome et les chefs d'œuvre
de l'art qui sont dans ses églises. Je suis comme

1. II, 224.

ces chefs de Lacédémone qui ne voulurent pas qu'Athènes pérît parce qu'elle avait produit Sophocle et Euripide et qu'elle étoit la mère de tant de beaux esprits... » Et précisément cette remarque est faite en Hollande, quand il établit un contraste entre les deux civilisations. Le puritanisme aussi de Mme de Montesquieu ne l'a pas laissé indifférent. Rappelons d'autre part son initiation à la franc-maçonnerie écossaise, qui est dans son principe une entreprise de restauration religieuse.

Montesquieu va donc lutter contre l'athéisme et les doctrines irréligieuses. Le premier chapitre de *L'Esprit des Lois* est dirigé contre les matérialistes et les athées.

Si l'idée de loi est primitive et si elle est imposée par la raison, il faut une raison primitive : « Ainsi la création, qui paraît être un acte arbitraire, suppose des règles aussi invariables que la fatalité des athées. Il serait absurde de dire que le Créateur sans ces règles pourroit gouverner le monde, puisque le monde ne subsisteroit pas sans elles ! »

Il veut une base solide. La religion n'est pas seulement une théologie mais une morale individuelle et sociale. Il a condamné dans *Le traité des devoirs* la thèse spinoziste. Dans la *Défense de l'Esprit des Lois*, il déclare que « s'il n'a pas eu pour objet de travailler à faire croire à la religion, il a cherché à la faire aimer ». Mgr de Fitz-James considère qu'il a péché moins dans ce qu'il a dit que dans ce qu'il a tu.

Il s'en est pris à Bayle, à Hobbes, à Spinoza, à Bolingbroke, dont il déteste l'immoralisme. En 1754, il écrit à Warburton : « Celui qui attaque la religion naturelle attaque toutes les religions du monde. Si l'on enseigne aux hommes qu'ils n'ont pas ce frein-ci, ils peuvent penser qu'ils en ont un autre ; mais il est bien plus pernicieux de leur enseigner qu'ils n'en ont pas du tout. Il n'est pas impossible d'attaquer une religion révélée parce qu'elle existe par des faits particuliers et que les faits, par leur nature, peuvent être une matière de dispute. Mais il n'en est pas de même de la religion naturelle ; elle est tirée de la nature de l'homme, dont on ne peut pas disputer, et du sentiment intérieur de l'homme, dont on peut pas disputer encore » [2].

Il n'y aurait même pas intérêt à attaquer la religion révélée dans un pays comme l'Angleterre, car quand même on aurait raison dans le fond, on ne ferait que détruire une infinité de biens pratiques pour établir une vérité purement spéculative.

Evidemment la métaphysique et la théologie ne l'intéressent pas parce qu'elles ne font qu'embrouiller des idées simples et claires. Montesquieu n'est pas fait pour l'étude sérieuse des dogmes. Il garde devant eux une attitude de doute philosophique. Usbek est inquiet devant la notion de souillure et de péché : si ces

2. *Œuvres complètes,* éd. Caillois, Pléiade, t. II.

notions n'ont qu'une origine sensorielle, elles s'avèrent purement relatives. Et le mollak lui répond en substance que l'homme doit rester ignorant de la plupart des choses et ne pas s'en informer.

Mais de même qu'il croit en Dieu, il croit en l'immortalité de l'âme. Et il croit de même en la nécessité d'une religion révélée : « Ce qui prouve la nécessité d'une révélation, écrit-il à Warburton, c'est l'insuffisance de la religion naturelle, vu la crainte et la superstition des hommes ; car si vous aviez mis aujourd'hui les hommes dans le pur état de la religion natu-relle, demain ils tomberont dans quelque super-stition grossière. » Il fait donc appel à la psy-chologie. Et il ne considère pas le Dieu de la religion naturelle et de la religion révélée comme une entité philosophique. C'est un Dieu personnel et actif, la Providence. Montesquieu concilie du reste dans la lettre persane 69, par le truchement d'Usbek, la prescience de Dieu et la liberté humaine. Dieu qui peut *savoir* ce que fera un être libre, peut vouloir qu'il agisse de telle ou telle manière. « Un monarque, dé-clare-t-il, ignore ce que son ambassadeur fera dans une affaire importante ; s'il le veut savoir, il n'a qu'à lui ordonner de se comporter d'une telle manière et il pourra assurer que la chose arrivera comme il l'a projetée... Ne crois pas, ajoute-t-il, que je veuille borner la puissance de Dieu... Mais, quoiqu'il puisse voir tout, il ne se sert pas toujours de cette faculté ; il laisse ordinairement à la créature la faculté d'agir ou de ne pas agir, pour lui laisser celle de mériter ou de démériter ; c'est pour lors qu'il renonce au droit qu'il a d'agir sur elle et de la déterminer. »

L'homme est incapable de déterminer les attributs de Dieu. Par là est absurde pour lui la prédestination janséniste : « Dieu est si haut que nous n'apercevons pas même ses images. Nous ne le connaissons bien que dans ses préceptes. Il est immense, spirituel, infini. Que sa grandeur nous ramène à notre faiblesse. S'humilier toujours, c'est l'adorer toujours » (ajouté à la lettre 69 en 1754).

Sans doute on trouvera que le livre XXV de *L'Esprit des Lois* hostile à la religion et le livre XXIV qui lui est favorable se contredisent, mais il faut s'entendre ; Montesquieu voit la religion dans ses rapports avec la vie civile et non en elle-même, ses attaques ne visent que des abus humains et politiques. Même s'il attaquait la religion de son temps ce serait pour restituer à l'idée religieuse sa pureté, sans altération.

De la défense de la religion nous pouvons passer au choix d'une religion. Les religions positives déterminent l'attitude de Montesquieu. Il part d'une analyse du fait religieux. D'une part la religion comporte un élément spirituel et divin, qui est la base de tous les cultes, de l'autre un élément matériel et humain par quoi elle est une institution semblable aux autres, et relevant des mêmes lois historiques. En principe toutes les religions devraient se valoir. Il pense qu'un jour toutes les religions devront se fondre en une seule. Dès 1711 dans la *Dissertation sur la damnation éternelle des payens* il note : « Il viendra un jour où l'Eternel ne verra sur la terre que de vrais croyants. » Plusieurs idées de la *Dissertation* se retrouvent dans les *Lettres Persanes* : Usbek, par exemple, pense que les chrétiens — c'est-à-dire les non-musulmans — ne seront pas damnés éternellement, puisqu'ils pèchent par ignorance et pratiquent la seule religion qu'ils connaissent de bonne foi. Ce qui importe, c'est la loyauté dans l'acte de foi, autrement nous ne saurions préjuger des desseins de Dieu. Montesquieu dans la lettre 60 souligne la similitude des différentes religions ; en particulier il montre que le judaïsme a donné naissance à la fois au christianisme et au mahométisme, et non sans ironie, que la vie de Mahomet connaît des prodiges comme celle du Christ.

Il s'est intéressé aux études des hébraïsants contemporains. Il a le goût pour l'histoire des religions. Il a essayé de voir clair, et il est arrivé à cette conclusion sur les préceptes : « Les uns sont entièrement fondés sur une raison éternelle, comme ceux d'aimer Dieu et de l'adorer, les autres sont purement arbitraires et sont plutôt un signe de religion que la religion même, et ce sont les cérémonies. Le fondement de la religion est qu'on aime Dieu et qu'on l'adore, et les cérémonies ne sont faites que pour exprimer ce sentiment [3]. Que dit Fénelon ? « Les cérémonies du culte ne sont que des marques par lesquelles les hommes sont convenus de s'édifier mutuellement et de réveiller les uns chez les autres le souvenir de ce culte qui est au dedans. Les religions positives sont donc spéciales à chaque peuple, déterminées par le climat, et par suite, elles sont un fait secondaire. Des cultes sont meilleurs que d'autres, comme il existe des gouvernements et des climats meilleurs. Ainsi le catholicisme convient à la France comme la monarchie, le protestantisme aux peuples du nord comme la république, le mahométisme aux pays chauds comme le despotisme. »

Une telle conception ne détruit pas les religions révélées. Mais il semble que pour lui la révélation existe, mais particulière, sans impliquer l'universalité. Montesquieu garde l'idée de l'excellence du christianisme, qui a la valeur civilisatrice la plus admirable. Le signe de son origine divine est pour lui dans le fait qu'il choque la raison humaine ; car s'il n'était pas divin, il serait absurde avec un Dieu crucifié. C'est d'ailleurs la religion qui se rapproche le plus de la religion idéale et parfaite. Il déplore qu'il se soit partagé en deux parties rivales. Il reste donc fidèle à la tradition religieuse, mais pour des raisons surtout humaines, à peine

3. **Pensée** 1928, I, 205.

parle-t-il du Christ, il considère l'Evangile comme une morale, et non une théologie. Il ne se préoccupe pas de la mission divine de l'Eglise, son attitude est conforme à celle de la franc-maçonnerie anglaise, qui ne rompt pas avec les Eglises, leur accorde une obéissance de forme et se rapproche du déisme.

Son acceptation n'est donc pas inconditionnelle. Ici comme ailleurs Montesquieu est modéré. Aussi la question de la tolérance est une des premières qu'il ait résolues : dans la lettre 85, il montre nettement que la coexistence de deux religions est non seulement possible, mais souhaitable, même au point de vue religieux, car il y aura émulation de vertu entre les actes. Mais la tolérance a des limites dans *L'Esprit des Lois* : « Ce sera une très bonne loi civile, lorsque l'Etat est satisfait de la religion déjà établie, de ne point souffrir l'établissement d'une autre. Voilà le principe fondamental des lois politiques en fait de religion. Quand on est maître de recevoir dans un Etat une nouvelle religion ou de ne pas la recevoir, il ne faut l'y établir ; quand elle y est établie, il faut la tolérer » [4].

Il s'emportera contre tous les excès de l'Inquisition et les cruautés des Espagnols en Amérique. Toute contrainte même morale est détestable, mais il faudrait distinguer ici, et il ne le fait pas entre des formes élevées de religion

4. XV, 9, 10.

comme le boudhisme et le mahométisme et des religions fétichistes sanguinaires et meurtrières.

Il y a évidemment une distinction à établir entre l'esprit religieux et la dévotion ou bigoterie qui doit être séparée de la religion. Dans une lettre persane supprimée il s'en prenait à la dévotion des femmes et ajoutait : « La dévotion qui dans certaines âmes est une marque de force, dans d'autres en est une de faiblesse. Elle n'est jamais indifférente, car, si d'un côté elle orne les gens vertueux, elle achève la dégradation de ceux qui ne le sont pas »[5]. Il répugne au mysticisme qui d'après la lettre 134 est « le délire de la dévotion ; souvent, il se perfectionne, ou plutôt dégénère au quiétisme : vous savez qu'un quiétiste n'est autre chose qu'un homme fort dévôt et libertin. »

Il n'a pas le sens du miracle et du surnaturel. La lettre 39 nous apprend que les prodiges existent dans toutes les religions, la lettre 143 que des interventions surnaturelles ne sont que des chimères issues de l'orgueil humain, car l'homme se considère assez important pour que Dieu renverse en sa faveur l'ordre de la nature ; aussi critique-t-il l'histoire de Marie Alacoque comme celle des possédées de Loudun. Lorsqu'il se trouve lui-même en face d'un fait mystérieux, il l'examine sans ironie. Ainsi à Naples, *Voyages*, II, 18, le miracle de saint

5. Pensée, 122, II, 1618.

206

Janvier : il propose une explication naturaliste d'après laquelle la chaleur liquéfie le sang, mais il ne la donne que comme une conjecture ; il exclut de toute façon l'idée d'une supercherie ecclésiastique et il conclut : « Peut-être y a-t-il un véritable miracle. »

A la défense de la religion, au choix de la religion, s'ajoute le problème d'une politique ecclésiastique. Sociologue et politique, Montesquieu va étudier les rapports de la religion choisie avec la vie du pays. Car « c'est moins la vérité ou la fausseté d'un dogme qui le rend utile ou pernicieux aux hommes dans l'état civil que l'usage que l'on en fait ». Il y a l'abus de la vie contemplative, celui des fêtes chômées, il y a le monachisme et l'ultra-montanisme. Il y a le célibat néfaste pour la population. Pour les biens et les privilèges ecclésiastiques, il n'entend pas les supprimer. Mais il ne veut pas un luxe excessif dans les cérémonies religieuses qui épuiserait le pays, ni de biens excessifs dans le corps ecclésiastique qui risqueraient d'amener sa décadence. Aussi dira-t-il : « Rendez sacré et inviolable l'ancien domaine du clergé, qu'il soit fixé et éternel ; mais laissez sortir de ses mains les nouveaux domaines. »

Il ne veut pas d'ingérences ecclésiastiques dans les affaires. Il condamne dans les *Lettres Persanes* le rôle d'un Richelieu, ou des confesseurs de Louis XIV et des jésuites, dont il admire pourtant l'administration au Paraguay. Il semble du reste que Montesquieu aime moins encore les jansénistes, car ils n'ont pas le libéralisme des jésuites. D'ailleurs le jansénisme a dégénéré en folies mystiques au XVIIIᵉ siècle. Les *Lettres* nous parlent du diacre Pâris. Surtout il a suscité des querelles religieuses. Dans la lettre 75 Usbek se plaint que ces disputes fassent oublier la religion : « La religion est moins un sujet de sanctification qu'un sujet de disputes qui appartiennent à tout le monde. Le premier venu se croit capable d'argumenter. » Il précise dans la lettre 83 : « Toutes ces pensées m'animent contre les docteurs qui représentent Dieu comme un être qui fait un exercice tyrannique de sa puissance, qui le font agir d'une manière dont nous ne voudrions pas agir nous-mêmes de peur de l'offenser ; qui le chargent de toutes les imperfections qu'il punit en nous et dans leurs opinions contradictoires, le représentent tantôt comme un être mauvais, tantôt comme un être qui hait le mal et le punit. » Les Pères de l'Eglise ne parlaient pas autrement de la religion païenne. La conséquence fâcheuse de ces disputes, c'est le développement de l'irréligion mondaine, comme nous l'apprend la lettre 75 : « les gens de cour, les gens de guerre, les femmes même, s'élèvent contre les ecclésiastiques et leur demandent de leur prouver ce qu'ils sont résolus de ne pas croire, ce n'est pas qu'ils se croient déterminer par la raison et qu'ils aient pris la peine d'examiner la vérité ou la fausseté de

208

cette religion qu'ils rejettent ; ce sont des re-
belles qui ont senti le joug et l'ont secoué avant
de l'avoir connu. Aussi ne sont-ils pas plus
fermes dans leur incrédulité que dans leur
foi. » De même les disputes et les rivalités des
ordres missionnaires sont néfastes, comme le
montre un fragment de lettre persane.

Les disputes religieuses amènent d'immenses
perturbations économiques. Ainsi la révocation
de l'Edit de Nantes est stigmatisée dans l'histoire des Arméniens et de Chah Abbas. Et il a
souligné de même tout le désordre apporté par
l'affaire de la Constitution Unigenitus. Il fait
l'éloge de la modération de Fleury ; souvent
Montesquieu se rencontrera avec Brantôme,
Montaigne et Fénelon par sa modération. Mais
son sens des réalités et des circonstances le
conduit à une tolérance que le catholicisme
reconnu et admis par lui jugerait à son époque
trop audacieuse.

CHAPITRE XIV

LA FORME EN SES MÉTAMORPHOSES

Enjouée, primesautière, nous réservant des surprises, nous charmant par ses trouvailles, par ses formules, par sa liberté, la forme des *Lettres Persanes* est marquée par ses perpétuelles métamorphoses. Le genre épistolaire y aide et on a pu constater qu'épistolier médiocre dans sa correspondance courante, Montesquieu ici s'est surpassé. On peut reconnaître une vivacité qui est celle de la jeunesse et un sérieux qui annonce les *Considérations* et *L'Esprit des Lois*.

Certes, dans cette expression si souple de sa pensée, Montesquieu a choisi des modèles. Le premier d'entre eux est La Bruyère, qu'il délivre dans ces *Lettres Persanes* d'un ton parfois trop guindé et trop solennel. Il est d'autre part tributaire de Fénelon, nous ne le saurions contester. Si l'histoire des Troglodytes des lettres 11 à 15 doit l'essentiel du récit à Hérodote, il est certain que Montesquieu s'est souvenu du livre X de *Télémaque*, des conseils de Mentor à Idoménée et du tableau de la république de Salente. Ici encore Montesquieu ajoute la précision au style fluide de l'archevêque de

Cambrai, donne aux mots une valeur précise et aux phrases des contours accusés. Toute mollesse disparaît, mais nous passons du plaisant et du doux au grave, au sévère. C'est le style de la lettre 84 consacrée aux Invalides ou de la lettre 136 quand Rica en visitant la bibliothèque des Dervis trouve un raccourci remarquable en parlant de « la décadence du formidable Empire Romain, qui s'était formé du débris de tant de monarchies » et avec autant de bonheur il va considérer les historiens de la France et du Saint Empire qu'il passe longuement en revue.

Nous changeons de registre lorsque Rica visite un couvent de religieux et entre dans la bibliothèque. Il y est accueilli par le Pascal des *Provinciales* quand les lettres 133 à 137 évoquent la casuistique et d'autres points de la religion. On y a reconnu une empreinte précise et l'ironie se colore ici d'un humour froid. On le retrouve dans les descriptions des modes féminines et des diverses formes de gouvernement.

Montesquieu inaugure une manière dont la pensée illuministe du XVIIIe siècle fera son profit. Voltaire et Diderot seront en ce sens ses disciples. Il est parfaitement maître de sa forme et de sa verve. Divers, rapide, cultivant la formule, ou plutôt la trouvant spontanément, naturellement spirituel, il emporte notre adhésion charmée, conquise par cette variété, ce style à la fois simple et à facettes. Désormais,

grâce aux *Lettres Persanes* la longue période
chère à certains classiques, à Bossuet et à Saint-
Simon notamment, va être abolie au profit de
la phrase courte, détendue dans sa brièveté. Il
importe de ne pas fatiguer, et Montesquieu
montrera le même souci dans *L'Esprit des Lois*.
On a pu voir avec raison en lui, celui qui a fait
évoluer la prose française durant la première
moitié du XVIIIe siècle. Il est devenu un modèle,
qu'accepte et que recommande Jean-Jacques
Rousseau. Celui-ci n'a-t-il pas écrit à Moulton,
le 25 novembre 1762 : « J'ai une lecture à vous
proposer, celle des *Lettres Persanes* ; cette lecture est excellente pour tout jeune homme qui
écrit pour la première fois »[1]. Il est vrai que
Jean-Jacques Rousseau ajoute, et nous recon-
naîtrons avec lui, en reprenant ce texte déjà
cité, que Montesquieu, dans sa variété et sa
vivacité, n'écrit pas dans un style impeccable :
« Vous y trouverez pourtant quelques fautes
de langue. En voici une dans la 42e lettre : *Tel
que l'on devrait mépriser parce qu'il est un sot,
ne l'est souvent que parce qu'il est un (sic)
homme de robe*. La faute est de prendre pour
le participe passif *méprisé*, qui n'est pas dans
la phrase l'infinitif *mépriser* qui y est »[2]. Mais
Montesquieu lui-même, dans les différentes
éditions des *Lettres Persanes* qui relèvent de

1. *Correspondance Générale*, éd. M. Dufour, t. VII,
p. 271.
2. *Correspondance Générale*, éd. M. Dufour, t. VII,
p. 272.

sa responsabilité, a su maintes fois amender, corriger, parfaire ce qui lui a paru défectueux. Par là il reste fidèle à l'idéal classique.

Ferdinand Brunetière dans ses *Etudes critiques sur la Littérature française* exprime une opinion sinon opposée, du moins aussi nuancée, après avoir déclaré que Montesquieu n'est pas loin d'être un bel esprit : « Mais ce style haché et heurté, sentencieux et épigrammatique, qui procède par addition successive de traits également forts, ces antithèses qui expliquent les lois des choses en fixant le sens des mots, ces remarques de grammairien, qui sont en même temps les observations d'un moraliste, une certaine stoïque — je ne sais si je ne devrais pas dire une certaine tristesse — qui recouvre et enveloppe tout le reste, voilà ce qui était sans modèle dans la langue française et dont nous n'avons revu depuis que de faibles imitations, c'est que précisément les particularités du caractère et de la condition de Montesquieu y concourent pour la meilleure part, et Bossuet seul peut-être ou Pascal ont écrit d'un style plus personnel sous son apparente impersonnalité, plus original et qui soit " l'homme " tout entier »[3].

Brunetière en arrive à cette constatation qui peut surprendre à première vue : « C'est pourquoi Montesquieu n'a point conformé son style

[3]. *Op. cit.*, Paris, Hachette, 1891, in-12, 4e éd., pp. 250-251.

à ses sujets, mais plutôt ses sujets à son style ;
et sa manière d'écrire lui a comme imposé sa
manière de penser. Le titre importe à peine,
et le cadre, et la nature des digressions : sous
le titre de *Lettres Persanes, considérations sur
la grandeur et la décadence des Romains, L'Esprit des Lois*, Montesquieu, en réalité, n'a
jamais écrit qu'un seul ouvrage ; et les huit ou
dix volumes de ses œuvres sont huit ou dix
volumes de *considérations* sur les mêmes matières. C'est un homme qui lit, non pas à l'aventure, mais sans beaucoup de suite, qui médite
sur ce qu'il a lu, qui le reprend à son compte,
qui le plie aux exigences de sa propre person-
nalité, qui le transforme en se l'assimilant, —
et qui ne réussit pas d'ailleurs à lui imposer
une véritable unité » [4].

Ainsi s'explique la variété du style dans les
Lettres Persanes, et, nous pourrions le dire, ses
métamorphoses successives. Mais il s'agit en
même temps d'une alliance entre l'auteur et
ses lecteurs. Descartes, Pascal, Voltaire, Buffon
ont la même fortune. Les hommes du monde,
les femmes elles-mêmes se trouvèrent charmés
d'entrer sans difficulté dans l'examen de questions jugées jusque-là difficiles et réservées aux
spécialistes : « L'étonnement devint de l'admiration en devenant du plaisir. Et c'est justice, puisque aussi bien cette bonne fortune
n'est jamais échue qu'à de très grands écri-

4. *Ibid.*, p. 251.

214

vains. Elle exige, en effet, pour être méritée, deux qualités voisines du génie : un sentiment très sûr, très profond des ressources d'une langue et un tact très subtil du point d'avancement de l'intelligence publique. Montesquieu, dès les *Lettres Persanes*, eut ce sentiment et ce tact : l'un lui dicta le choix de son sujet, l'autre lui procura les moyens de le traiter : et c'est ainsi que, par *L'Esprit des Lois*, la politique et la jurisprudence entrèrent dans la littérature » [5].

5. *Ibid.*, p. 261.

CONCLUSION

LES *LETTRES PERSANES* DEVANT LA CRITIQUE LITTERAIRE

Nous connaissons déjà l'accueil des contemporains, lecteurs des *Lettres Persanes*, et notamment celui de Voltaire et de Rousseau. La critique littéraire des générations qui ont suivi jusqu'à nos jours mérite de nous retenir et de former notre conclusion.

Déjà Laharpe et Marie-Joseph Chénier peuvent solliciter notre attention. Laharpe converti, brûlant ce qu'il a adoré, a pu sous le Premier Empire écrire des *Lettres Persanes*, après avoir mentionné *Le Temple de Cnide* et parlé de la pensée féconde du philosophe futur : « Il y préludait comme se jouant dans ses *Lettres Persanes* ; et ce premier ouvrage, malgré la forme épistolaire et quelques teintes romanesques, n'est au fond que le produit des premières études de l'auteur et une des esquisses du grand ouvrage de sa vie, *De l'Esprit des Lois*. Voltaire, dans un de ses accès d'humeur trop fréquents chez lui, a dit des *Lettres Persanes* : " Ce livre frivole et si aisé à faire ". Il n'est pas si frivole ce me semble, et l'on peut

216

douter que beaucoup d'autres l'eussent fait
aisément. Il y a bien quelques idées ou peu
justes, ou hasardées, ou susceptibles d'être
contredites avec fondement, l'auteur y paraît
fort tranchant, il était jeune. Dans la suite, il
décida beaucoup moins, discuta beaucoup plus
et instruisit beaucoup mieux ; il était mûr.
D'ailleurs il faut songer que sous le nom d'Usbek ou de Rica, il risque souvent, pour s'égayer
avec le lecteur, ce qu'il n'aurait peut-être pas
risqué en son propre nom. Lui-même a soin de
nous en avertir dans un endroit où il fait dire
à son philosophe persan qu'" il a pris le goût
du pays où il est " (la France) où l'on aime à
soutenir des opinions extraordinaires, et à
réduire tout en paradoxes » [1]. Et le converti
poursuit : « C'est dans ce livre qui parut en
1721, et l'un des premiers qui ait paru se sentir
du libertinage d'esprit sous la régence, qu'il
glissa quelques railleries sur le christianisme
fort peu dignes d'un génie tel que le sien et
quelques détails licencieux fort peu convena-
bles à sa profession de magistrat » [2].

Marie-Joseph Chénier partage le sentiment de
Laharpe en ce qui concerne l'importance des
Lettres Persanes ; après avoir parlé de l'abbé
Prévost qui a préféré « au simple récit, les
formes d'une correspondance », il déclare dans

1. *Lycée*, Paris, Mame et Delaunay-Vallée, 1825, t. XIV,
pp. 35-36.
2. *Ibid.*, p. 36.

son *Tableau historique de l'état et des progrès
de la Littérature française depuis 1789* : « Déjà,
parmi nous, Montesquieu les avait employées
dans les *Lettres Persanes*, production importante sous une apparence frivole, où la fable
d'un roman sert de cadre à la satire, où la
satire est une arme invincible qui dirige la philosophie. Cette même raison supérieure, une
satire moins forte et plus gaie, et tous les
charmes de l'esprit le plus flexible qui fut
jamais, ornent Zadig, Micromégas, le Huron,
Candide, ingénieux délassements de la vieillesse
de Voltaire » [3]. L'on voit à qui vont les préférences de Marie-Joseph Chénier.

Nous devons à Villemain un *Eloge de Montesquieu* qui a remporté le prix d'éloquence
de l'Académie Française le 25 août 1816. Il a
vu en Montesquieu « le peintre le plus exact
et le plus piquant modèle de l'esprit du dix-
huitième siècle, l'historien et le juge des Romains, l'interprète des lois de tous les peuples ;
il a suivi son siècle, ses études et son génie » [4].
Villemain se veut un juge équitable des défauts
et des qualités : « Les peintures spirituelles et
satiriques des *Lettres Persanes* feront pressentir quelques-uns des défauts qu'on reproche à
l'Esprit des Lois ; mais nous y verrons percer
les saillies d'une raison puissante et hardie,

3. *Op. cit.*, Paris, Le Dentin, 1835, vol. in-8°, p. 183.
4. *Discours et Mélanges Littéraires*, Paris, Ladvocat, 3ᵉ éd.,
1825, 2 vol. in-8°, p. 79.

qui ne peut se contenir dans les bornes d'un sujet frivole, et franchit d'abord les points les plus élevés des disputes humaines » [5]. Par les *Lettres Persanes*, Montesquieu se libère de l'étude austère des lois, de ses fonctions de magistrat, comme il libère le public du siècle de Louis XIV par cet esprit de contestation et de satire malicieuse qui marque l'œuvre. Les *Lettres* sont une œuvre d'*esprit* : « C'est le caractère dont brillent, au premier coup d'œil, les *Lettres Persanes*. C'est la superficie éblouissante d'un ouvrage quelquefois profond. Portraits satiriques, exagérations ménagées avec un air de vraisemblance, décisions tranchantes appuyées par des saillies, contrastes inattendus, expressions fines et détournées, langage familier, rapide et moqueur ; toutes les formes de l'esprit s'y montrent, et s'y renouvellent sans cesse. Ce n'est pas l'esprit délicat de Fontenelle, l'esprit élégant de La Motte : la raillerie de Montesquieu est sentencieuse et maligne comme celle de La Bruyère ; mais elle a plus de force et de hardiesse. Montesquieu se livre à la gaieté de son siècle ; il la partage, pour mieux la peindre, et le style de son ouvrage est à la fois le trait le plus brillant et le plus vrai du tableau qu'il veut tracer » [6].

Villemain sait que Montesquieu s'est inspiré de Dufresny ; il est à la fois impudique et pu-

5. *Ibid.*, pp. 79-80.
6. *Ibid.*, p. 81.

dique : « Le peintre qui reproduit avec tant
de force la corruption sans politesse et le gros-
sier despotisme de l'Orient, la corruption spirituelle et raffinée de l'Europe, se plaît à ces
images puisées dans les mœurs poétiques de la
société primitive. » C'est l'épisode des Troglodytes qui a particulièrement frappé Villemain,
et c'est sur ces pages qu'il centre la valeur de
la pensée du Président : « Ces trois périodes,
admirablement choisies, présentent tout le
tableau de l'histoire du monde. Mais ce qui
honore la sagesse de Montesquieu, c'est qu'ils
renferment le plus bel éloge de la vie sociale.
Tandis que Rousseau prononce anathème contre
le premier auteur de la société, tandis que par
amour de l'indépendance, il veut arracher les
premières bornes qui posées autour d'un champ,
furent le symbole de la Justice naissant avec
la propriété, Montesquieu fonde le bonheur sur
la justice affermissant les droits de chacun,
pour l'indépendance de tous » [7]. D'où l'importance que Villemain attache aux *Lettres Persanes*, où Montesquieu se prépare à ses grands
ouvrages : « Cette sagesse d'application et de
principes que Montesquieu devait porter dans
l'histoire des intérêts civils, dans la théorie
des lois établies, il l'annonce, il s'y prépare,
pour ainsi dire, par d'ingénieuses allégories ;
et sa politique romanesque est plus raisonnable et plus attentive à la vérité des choses

7. *Ibid.*, p. 84.

220

que la politique sérieuse de beaucoup d'écrivains célèbres » [8].

Et la peinture du bonheur apporté par les Lois amène Villemain à être bienveillant pour la seconde œuvre orientale de notre auteur : « Essaie-t-il une seconde peinture du bonheur social, il fait naître des vertus d'un monarque absolu. [...] Montesquieu écrit le roman d'Arsace et d'Isménie, où le despotisme légitimé par la vertu, orné des plus puissantes séductions, l'amour et la gloire, se consacre et s'enchaîne au bonheur des humains » [9].

Barante, dans son *Tableau de la Littérature française au XVIIIᵉ siècle*, ou *De la Littérature française pendant le XVIIIᵉ siècle* [10], se montre sévère pour les *Lettres Persanes*, mais il reconnaît ce que l'œuvre comporte de sérieux : « C'est surtout dans les *Lettres Persanes*, ouvrage de sa jeunesse, que peut se voir cette témérité d'examen, ce penchant au paradoxe, ces jugements sur les mœurs, les lois, les institutions, ce libertinage d'opinion, si l'on peut ainsi parler, qui attestent à la fois la vivacité, la puissance et l'imprudence de l'esprit. La religion n'y est pas ménagée davantage, sous le voile transparent de plaisanteries lancées contre la religion musulmane, et même par des attaques plus directes, Montesquieu cherche

8. *Ibid.*, p. 85.
9. *Ibid.*, p. 86.
10. *Op. cit.*, Paris, Ladvocat, 4ᵉ édition, revue et augmentée d'une préface, 1824, in-8°, pp. 111-112.

à tourner au ridicule la marche des raisonnements théologiques en général et la croyance
de toute espèce de dogme. On peut même dire
que la raillerie de Montesquieu a plus d'amer-
tume que celle de Voltaire, et pourrait produire
plus d'effet ; car elle dirige bien plus ses attaques contre le fond des choses » [11]. Cependant,
après ces réserves et ces critiques, vient l'éloge :
« Mais quand on apporte une sage réflexion
dans la lecture de cet ouvrage, quand on sait
ne pas attacher aux opinions légères qu'il renferme, plus d'importance que n'en attachait
l'auteur lui-même, on peut, tout en le désap-
prouvant quelquefois, y prendre un vif intérêt.
On y remarque, à travers tant de jugements
hasardés, les traces d'une raison noble et élevée, l'amour constant du juste et de l'honnête ;
et l'on persuade que celui qui sut écrire cette
fable des Troglodytes, digne de la philosophie
simple et éloquente de l'antiquité, était loin
d'avoir aucun sentiment ni aucun but coupable » [12]. Montesquieu paraît ainsi un débutant
plein de promesses : « Après cet ouvrage, tout
contribua à modifier le caractère de Montesquieu, et à rendre ses opinions plus complètes
et plus sérieuses » [13].
  Chateaubriand déjà, dans Le Génie du Christianisme, voit en Montesquieu « le véritable

11. *Ibid.*, pp. 111-112.
12. *Ibid.*, pp. 112-113.
13. *Ibid.*, p. 113.

222

grand homme du XVIIIe siècle, par *L'Esprit des Lois* et les *Considérations* », mais il précise : « Si Montesquieu, dans un ouvrage de sa jeunesse, laissa tomber sur la religion quelques-uns de ses traits qu'il dirigeait contre nos mœurs, ce ne fut qu'une erreur passagère, une espèce de tribut payé à la corruption de la Régence. Mais dans le livre qui a placé Montesquieu au rang des hommes illustres, il a magnifiquement réparé ses torts en faisant l'éloge du culte qu'il avait eu l'imprudence d'attaquer » [14].

Mme de Staël dans *De la Littérature* est proche par la pensée de Marie-Joseph Chénier. Elle fait montre de réticence : « La plaisanterie était du temps de Voltaire, comme les apologues dans l'Orient, une manière allégorique de faire entendre la vérité sous l'empire de l'erreur. Montesquieu essaya ce genre de raillerie dans ses *Lettres Persanes* ; mais il n'avait point la gaîté naturelle de Voltaire, et c'est à force d'esprit qu'il y supplée. Des ouvrages d'une plus haute conception ont marqué sa place » [15].

C'est Walckenaer qui porte, cent ans après leur publication, dans la *Biographie universelle* de Michaud, le jugement le plus nuancé : « C'est au milieu de cette effervescence des esprit que parut le livre des *Lettres Persanes* : il avait par

14. *Œuvres Complètes*, Garnier Frères, t. II, p. 351.
15. *Œuvres*, Paris, Lefèvre, 1838, 3 vol. in-8°, t. II, p. 322.

sa forme tout l'attrait d'un roman ; on y trouvait des détails voluptueux, et des sarcasmes irréligieux, qui flattaient le goût du siècle pour les plaisirs, et son penchant à l'incrédulité ; on y lisait des jugements pleins de hauteur et de dédain sur Louis XIV, et sur son règne, qu'on cherchait dès lors à déprécier ; mais on ne pouvait méconnaître non plus dans ce livre un ardent amour pour le bonheur de l'humanité, un zèle courageux pour le triomphe de la raison et de la vertu ; des aperçus lumineux sur le commerce, le droit public, les lois criminelles, et sur les plus chers intérêts des nations ; un coup-d'œil pénétrant sur les vices des sociétés et sur ceux des gouvernements : il annonçait enfin un penseur profond, qui surprenait d'autant plus, que loin de se complaire dans sa force, il ne semblait occupé qu'à la déguiser sans cesse, en se couvrant du masque de la frivolité. Ce qui surtout dans ce livre se trouvait à la portée de tout le monde et enlevait tous les suffrages, c'était cette satire, si animée, si fine, si gaie, si spirituelle, de nos mœurs et de nos travers ; c'était ce style toujours vif, brillant, plein d'heureuses réticences, de contrastes inattendus, et dont la piquante ironie s'élevait quelquefois jusqu'à la plus énergique éloquence » [16]. On ne peut être plus complet, et après avoir rappelé que la découverte de l'identité de l'auteur rendit plus piquant

16. *Op. cit.*, t. XXIX, p. 504.

224

le succès, Walckenaer souligne que Montesquieu n'est épistolier de talent que dans les
Lettres Persanes.

Stendhal s'est passionné pour Montesquieu, à
qui il consacre de très longues pages dans les
Mélanges de Littérature. Après avoir étudié
L'Esprit des Lois, il s'est attaché aux *Lettres
Persanes.* Il a admiré la concision du style
qu'il compare à celui des *Caractères :* « Le
style de Montesquieu paraît être une imitation de celui de La Bruyère ; mais l'imitateur
ayant plus de génie que l'imité, le style de Montesquieu est plus grandiose. Il est impossible
de faire une amplification raisonnable sur sept
lignes de La Bruyère — La Bruyère nous semble un homme qui s'indignerait s'il ne se rete-
nait pas. Il ne fait pas une satire amère, mais
il ne rit pas non plus. Montesquieu est plus
animé » [17]. Et voici la phrase décisive : « Les
Lettres Persanes ressemblent davantage à une
comédie que les *Caractères* » [18]. Et l'éloge fait
appel au plaisir sensuel : « Rien n'est compa-
rable aux *Lettres Persanes,* pour le nombre des
idées, la rapidité, la concision du style et le
comique qu'on peut produire par la narration.
Il n'y a jamais rien d'odieux et il appelle souvent la volupté. Nous sommes confirmés dans
ces idées par trois ou quatre lettres, que nous

17. Stendhal dans *Œuvres Complètes,* éd. H. Martineau.
Le Divan, *Mélanges de littérature,* t. III, p. 101.
18. *Ibid.,* p. 101.

avons lues mille fois et que nous venons de
relire, avec accompagnement de rire » [19]. Vont
venir deux comparaisons avec Fénelon et avec
Voltaire : « La raison qui fait que les moines
aiment leur ordre et beaucoup de choses relatives aux principes des gouvernements sont dîtes
en forme d'énigmes ; ce qui augmente le piquant
et diminue le grandiose. C'est ce que Fénelon
ne se permet jamais » [20]. C'est le plaisir des
sens qui suscite la comparaison avec Voltaire :
« La volupté dans Montesquieu est plus franche
que dans Voltaire. Chez celui-ci elle a plus l'air
de la Cour. (Chez Montesquieu, c'est un sultan
ivre de tempérament, entouré de belles esclaves
nues.) Dans les contes en vers de Voltaire, on
trouve un ton tendre, mais pas de naturel. Sa
manière de décrire les plaisirs fait sentir que
ce sont ceux d'un homme malheureux » [21]. Par
là les *Lettres Persanes* sont pour Stendhal un
agent du bonheur des sens, un modèle de style
et l'œuvre d'un écrivain qui a fait ses preuves
par la profondeur féconde de *L'Esprit des Lois*
et par la volupté des *Lettres Persanes* supé-
rieures aux *Caractères* de La Bruyère en leurs
qualités comiques et leurs affinités avec le
théâtre.

Pour Balzac dans les *Illusions perdues* quand
il présente Lucien de Rubempré comme un

19. *Ibid.*, p. 101.
20. *Ibid.*, p. 102.
21. *Ibid.*, p. 102.

226

journaliste plein de charme, Montesquieu sert
à opposer deux registres, celui du sérieux et
celui du plaisant : « Lucien leur lut alors un
de ces délicieux articles qui firent la fortune
de ce petit journal, et où en deux colonnes il
peignait un des menus détails de la vie pari-
sienne, une figure, un type, un événement nor-
mal, ou quelques singularités. Cet échantillon,
intitulé : *Les passants de Paris*, était écrit dans
cette manière neuve et originale où la pensée
résultait du dire des mots, où le cliquetis des
adverbes et des adjectifs réveillait l'attention.
Cet article était aussi différent de l'article grave
et profond sur Nathan que les *Lettres persanes*
diffèrent de l'*Esprit des Lois* »[22]. Balzac ne
semble-t-il pas caractériser en même temps la
manière de Montesquieu déguisé en Persan ?

On attend certes avec impatience le jugement de Sainte-Beuve ; il vient dès le *Lundi* du
18 octobre 1852, en ces pages consacrées à
Montesquieu : « Toutes les questions à l'ordre
du jour sous la Régence sont abordées dans
les *Lettres persanes*, la dispute des anciens et
des modernes, la révocation de l'édit de Nantes
et ses effets, la querelle de la bulle *Unigenitus*,
etc. ; l'auteur y sert l'esprit du jour, en y mê-
lant et en y enfonçant ses vues ; le règne de
Louis XIV y est vivement attaqué à revers.
Dans le fameux épisode des Troglodytes, Montesquieu y donne à sa manière le rêve de

22. *La Comédie Humaine*, Pléiade, t. V, p. 446.

Salente. Dans les portraits du *Fermier*, du *Directeur*, du *Casuiste*, de l'*Homme à bonnes fortunes*, de la *Femme joueuse*, Montesquieu égale La Bruyère en s'en ressouvenant. Il lui ressemble par la langue, mais sans y viser » [23]. Il en vient ainsi à l'analyse de la forme : « La sienne, tout en étant aussi neuve, est peut-être moins compliquée ; elle est d'une netteté et d'une propriété singulières. Le Casuiste veut montrer qu'un homme de son état est nécessaire à certaines gens qui, sans viser à la perfection, tiennent à faire leur salut : " Comme ils n'ont point d'ambition, dit-il, ils ne se soucient pas des premières places, aussi entrent-ils en Paradis *le plus juste qu'ils peuvent*. Pourvu qu'ils y soient, cela leur suffit. " Ailleurs, parlant de ces gens dont la conversation n'est qu'un miroir où ils montrent sans cesse leur impertinente figure : " Oh ! que la louange est fade s'écrie-t-il, lorsqu'*elle réfléchit vers le lieu d'où elle part !* " » Sainte-Beuve, objectif, voit les qualités et les défauts de l'expression : « Tout ce style est net, piquant, plein de traits, un peu mince et aigu. Il y a des incorrections, par exemple " La plus grande peine n'est pas de se divertir, c'est *de* le paraître ". » Mais Montesquieu, sur le style, a des idées fort dégagées : « Un homme qui écrit bien, pense-t-il, n'écrit pas comme on écrit, mais comme il écrit, et c'est souvent en parlant mal qu'il parle bien.

23. *Lundis*, Paris, Garnier, 3ᵉ éd., 15 vol., t. VII, p. 54.

Il écrit donc à sa manière, et cette manière, toujours fine et vive, devient forte et fière et grandit avec les sujets. J'ai dit qu'il aime et affectionne un genre d'images ou de comparaisons pittoresques pour éclairer sa pensée. » Et l'éloge est présent : « Dans la pensée de Montesquieu [24], au moment où l'on s'y attend le moins, tout d'un coup la cime se dore » [25]. Il souligne la prudence après avoir rappelé les mots d'Usbek sur les lois à ne toucher *que d'une main tremblante* : « C'est assez pour montrer que cet esprit qui a dicté les *Lettres persanes* ne poussera jamais les choses à l'extrémité du côté des réformes et des révolutions populaires » [26].

Et ayant montré qu'après avoir traité toutes les graves questions, les *Lettres Persanes* tournent au roman, Sainte-Beuve remarque finement pour finir : « Encore une fois, il y a, dans les *Lettres Persanes*, au commencement et à la fin, et dans tout l'ensemble, une pointe de roman de Crébillon fils » [27].

Un grand poète, par contre, va se montrer vraiment injuste. Car Victor Hugo dans le *Tas de Pierres* englobe à coup sûr les *Lettres Persanes* dans ce jugement si partial sur Montesquieu : « Montesquieu est un penseur partiel —

24. *Ibid.*, p. 35.
25. *Ibid.*, p. 36.
26. *Ibid.*, p. 36.
27. *Ibid.*, p. 37.

Montesquieu n'ayant aucun point de départ dans l'idéal, sa profondeur n'est qu'un à peu près — Cent ans plus tard, il eût été plus grand » [28].

Désiré Nisard, ennemi des romantiques, est plus équitable dans son *Histoire de la littérature française ;* n'est-ce pas lui qui écrit : « C'est à Montesquieu que commence cette suite d'ouvrages supérieurs marqués du genre de perfection où il était permis d'atteindre après le dix-septième siècle. Le premier en date est le livre des *Considérations sur la grandeur et la décadence des Romains* » [29]. Et c'est à ce propos qu'il lie les *Considérations* et les *Lettres Persanes :* « Il n'importe plus de savoir, si l'idée lui en est venue de Saint-Evremond ou de Bossuet, que de rechercher si les *Lettres Persanes* lui ont été inspirées par les *Siamois* de Dufresny ou par le *Spectateur* d'Addison, Montesquieu était de force à concevoir tout seul la pensée de son livre. Il y rêvait tout en écrivant les *Lettres Persanes*. Rica, visitant la grande bibliothèque d'un couvent de dervis, y remarque les historiens et surtout les historiens de la décadence romaine ; c'est Montesquieu lui-même qui prend date, et par d'admirables réflexions sur la chute de l'empire romain révèle une pensée en travail, et met la

28. *Œuvres Complètes*, 4 vol. in-4°, Jean-Jacques Pauvert, t. III, p. 1534.
29. *Op. cit.*, Paris, Firmin Didot, 7° éd., 1879, t. IV, p. 323.

main sur le sujet, du droit du premier occu-
pant. »

Hippolyte Taine dans *Les Origines de la
France Contemporaine* a été un excellent juge
de Montesquieu et de ses *Lettres* : « Ses Persans, écrit-il, jugent la France en Persans, et
nous sourions de leurs méprises ; par malheur,
ce n'est pas d'eux, mais de nous qu'il faut rire ;
car il se trouve que leur erreur est une vérité
(Lettre 24 sur Louis XIV). Telle lettre d'un
grand sérieux semble une comédie à leurs
dépens mais sans aucun rapport à nous, toute
pleine des préjugés mahométans et d'infatuation orientale (Lettre 18 sur la pureté et l'impureté des choses. Lettre 30 preuves de la mission de Mahomet) : réfléchissez ; sur le même
sujet notre infatuation n'est pas moindre. Des
coups de force et d'une portée extraordinaires
sont lancés, en passant, et comme sans y songer, contre les institutions régnantes, contre le
catholicisme altéré qui " dans l'état présent ou
est l'Europe, ne peut subsister cinq cents
ans ", contre la monarchie gâtée qui fait jeûner
les citoyens utiles pour engraisser les courtisans parasites (Lettres 75 et 118). Toute la philosophie nouvelle éclôt sous sa main avec un
air d'innocence, dans un roman pastoral, dans
une prière naïve, dans une lettre ingénue (Lettres 98 sur les scènes modernes, 46 sur le véritable culte, 11 et 14 sur la nature de la justice). Aucun des dons par lesquels on peut frapper et retenir l'attention ne manque à ce style,

ni l'imagination grandiose, ni le sentiment profond, ni la vicacité du trait, ni la délicatesse
des nuances, ni la précision rigoureuse, ni la
grâce enjouée, ni le burlesque imprévu, ni la
variété de la mise en scène » [30].

Cependant Taine souligne tout le sérieux et
l'importance des idées avancées, où la satire,
voire la bouffonnerie, deviennent des armes
redoutables : « Mais, parmi tant de tours ingénieux, apologues, contes, portraits, dialogues,
dans le sérieux comme dans la mascarade, la
tenue demeure irréprochable et le ton parfait.
Si l'auteur développe le paradoxe, c'est avec
une gravité presque anglaise. S'il étale toute
l'indécence des choses, c'est avec toute la dé-
cence des mots. Au plus fort de la bouffonnerie
comme au plus fort de la licence, il reste un
homme de bonne compagnie, né et élevé dans
ce cercle aristocratique où la liberté est complète, mais où le savoir-vivre est suprême, où
toute pensée est permise, mais où toute parole
est pesée, où l'on a le droit de tout dire, mais
à condition de ne jamais s'oublier » [31]. Peut-on
parler avec plus de faveur et de ferveur des
idées et de la manière de Montesquieu dans les
Lettres Persanes ?

A. Gazier dans la *Grande Encyclopédie* a
consacré un article à Montesquieu, et a jugé

30. *Op. cit.*, Paris, Hachette, 1900, 23ᵉ éd., 12 vol., in-12,
t. II, p. 91.
31. *Ibid.*, pp. 91-92.

avec pertinence les *Lettres Persanes*. Il a indiqué, en commençant, ce que Montesquieu doit à la manière de Dufresny et du Lesage auteur du *Diable boiteux*, et il poursuit : « Sous prétexte de communiquer au public la correspondance de Persans logés avec lui, et qu'il nomme Usbek et Rica, Montesquieu a fait un livre qui est à la fois un roman dramatique, voluptueux et même libertin, une peinture satirique de la société contemporaine, et un ouvrage instructif, où l'on peut admirer des vues très neuves et parfois très élevées, dignes d'un moraliste et d'un législateur » [32]. Mais A. Gazier a raison d'ajouter : « Les *Lettres persanes* sont à vrai dire, une des suites que tant d'auteurs ont cru pouvoir donner aux Caractères de La Bruyère et rien ne montre mieux la différence profonde qui sépare le siècle de Louis XIV, de celui de Louis XV » [33]. Montesquieu a su exprimer l'esprit frondeur de la Régence et sa débauche élégante. Mais le livre va plus loin, selon notre critique : « Grâce à la merveilleuse habileté avec laquelle il avait choisi son cadre, Montesquieu pouvait établir ses musulmans juges sévères de nos institutions politiques ou religieuses, de nos façons de comprendre la vie sociale, la famille, l'administration de la justice : il pouvait dire sans crainte que le pape était " une vieille idole qu'on encense par habi-

32. *Op. cit.*, t. XXIV, p. 228.
33. *Ibid.*, p. 228.

tude " ; il pouvait appeler Louis XIV " ce grand magicien qui fait croire à ses sujets qu'un écu en vaut deux et qu'un morceau de papier est de l'argent ", etc. » Pour finir la peinture de l'éternel féminin et le badinage plein de verve et de talent ont fait le reste : « Enfin ses musulmans et leurs eunuques noirs étaient dans leur rôle en parlant des femmes avec la plus parfaite désinvolture, et il était permis à l'auteur de prodiguer à l'occasion les métaphores orientales. Montesquieu ne se fit pas faute de recourir à tous les moyens, il le fit avec légèreté, avec grâce, avec un réel talent d'écrivain, et le succès fut tel que les *Lettres Persanes* " se vendirent comme du pain ". Elles préparèrent l'entrée de leur auteur à l'Académie française » [34].

Nous avons vu Ferdinand Brunetière juger la forme de notre ouvrage ; dans son *Manuel de l'Histoire de la Littérature française* comme dans ses *Etudes littéraires* il a parfaitement situé les *Lettres Persanes*. Il rappelle le fameux passage sur les laquais dans les *Lettres Persanes*, et il rapproche Montesquieu de La Bruyère, du Lesage de *Gil Blas* et après avoir cité la lettre 138 il peut écrire : « C'est encore Montesquieu qui parle, un satirique, assurément, mais un homme grave, un magistrat » [35].

Emile Faguet dans son *Dix-huitième siècle*

34. *Ibid.*, p. 228.
35. *Op. cit.*, Paris, Ch. Delagrave, 1898, p. 289.

est quelque peu péremptoire. Il est frappé par le caractère antireligieux des *Lettres Persanes*. « Il n'est pas chrétien. Les *Persanes* sont avant tout un pamphlet contre le christianisme, non plus à la Fontenelle, indirect et voilé, mais acéré et rude, à la Voltaire : " Il y a un autre magicien plus fort... c'est le Pape : tantôt il fait croire que trois ne font qu'un ; que le pain qu'on mange n'est pas du pain ou que le vin qu'on boit n'est pas du vin ; et mille autres choses de cette espèce. " Voilà le ton général des *Lettres* qui touchent aux choses de la religion, et elles sont nombreuses. Plus tard le ton sera tout différent, mais non la pensée. En cela, comme en toutes choses, remarquons-le bien d'abord, des *Persanes* aux *Lois*, Montesquieu a changé de caractère, il n'a pas changé d'esprit, et il n'y a de différence que du ton plaisant au ton grave. Il pourra ne plus traiter légèrement le christianisme, il pourra le considérer comme une force sociale, et non plus comme un objet de railleries, mais il n'en aura jamais la pleine intelligence, et moins encore le sentiment » [36]. Après avoir souligné le mépris de Montesquieu pour la religion, il souligne son intelligence du grand art qui selon lui fait de notre écrivain un précurseur de Rousseau, dénonçant les effets funestes des arts et des lettres parmi les hommes, et il cite pour cela

---

36. *Op. cit.*, 19ᵉ éd., Société Française d'Imprimerie et de Librairie, 1904, p. 140.

les lettres 137 et 106 ; il voit une frivolité charmante dans les *Lettres Persanes* au point de « faire paraître La Bruyère profond »[37]. D'où cette appréciation d'ensemble : « Veux-on faire de La Bruyère un Pascal ? Il n'y a qu'à commencer par les *Lettres Persanes*. Du reste, elles sont exquises. Un ton vif, une allure cavalière, un sourire qui mord, un clin d'œil qui perce, un geste rapide qui trace toute une silhouette. De petits chefs d'œuvre de style sec, net et cassant, infiniment difficile à attraper, du moins à un pareil degré d'aisance. Mais comme observations, des observations de journaliste. Que voyons-nous passer dans ces pages si vives ? Un nouvelliste, un inventeur de pierre philosophale, une coquette, un pédant, un petit maître, un directeur... — C'est quelque chose ! — Eh ! non ! pas même cela, le front plissé d'un nouvelliste, l'effarement d'un inventeur, l'attifement d'une coquette, le geste fat d'un petit maître, le dos arrondi d'un directeur. Ce sont des croquis, des crayons rapides d'actualités, bien saisies au vol »[38]. Mais la sentence finale est impitoyable : « Dans La Bruyère il y a, comme dit Voltaire, " des choses qui sont de tous les temps et de tous les lieux ". C'est-à-dire que, ne peignant pas ce qu'il voyait, La Bruyère a pénétré assez avant pour trouver le fond commun,

37. *Ibid.*, p. 142.
38. *Ibid.*, pp. 143-164.

236

la nature humaine permanente, et pour nous
la montrer dans une vive lumière. Montesquieu
se tient au dehors. Un geste caractéristique ne
lui échappe point. L'homme lui échappe » [39].

Dans sa grande *Histoire de la Littérature
française* L. Petit de Julleville a fort judicieusement caractérisé les *Lettres Persanes :* « On
ne raconte pas les *Lettres Persanes,* écrit-il ;
mais on peut distinguer les éléments très divers
dont le livre est composé. Il renferme à la fois
un roman persan, ou prétendu tel ; une satire
des mœurs françaises sous la Régence, et force
digressions très graves, sur toutes sortes de
questions politiques et religieuses. La partie
romanesque a beaucoup vieilli ; les soupçons,
les craintes, les tortures, la fureur d'Usbek
jaloux et trompé laisse froid le lecteur moderne » [40]. L. Petit de Lulleville juge le deuxième
aspect des lettres à juste titre essentiel : « La
peinture satirique des mœurs françaises, ou
plutôt parisiennes, entre 1712 et 1720, à la fin
du règne de Louis XIV, et pendant la Régence,
est ce qui nous semble aujourd'hui le plus vif
et le plus amusant dans les *Lettres :* il n'est
presque pas une seule de ces pages malicieuses
qui ait perdu de sa saveur ; toutefois, ce n'est
pas un portrait, c'est une satire, et souvent une
caricature : mais toujours spirituelle, alerte,

39. *Ibid.*, p. 144.
40. *Op. cit.*, t. IV, 1898, pp. 182-183.

et pleine de verve : l'image est fort grossie, mais le trait reste fin » [41]. Pour L. Petit de Julleville « cette œuvre sensuelle et légèrement libertine » n'est pas tendre pour les trois Ordres privilégiés du Royaume : « l'Eglise, l'Epée, la Robe » [42]. Il a apprécié la grâce et la légèreté du style, mais « la philosophie de *Lettres Persanes* » lui a paru encore plus attachante : « Il y a autre chose dans les *Lettres Persanes* qu'un roman pseudo-oriental, peu décent et très ennuyeux ; autre chose aussi qu'une satire mordante, excessive, mais spirituelle, des mœurs du temps. Il y a dans les *Lettres* des pages d'histoire et de philosophie, de politique et d'économie sociale, pensées très profondément, écrites avec gravité, quelque fois avec éloquence, sur des matières en grande partie neuves à la date où parut l'ouvrage. *L'Esprit des Lois*, les *Considérations* sont en germe dans les *Lettres* » [43].

Mais L. Petit de Julleville en étant élogieux se montre nuancé, sinon réservé, en particulier en ce qui concerne la pensée religieuse de Montesquieu, et il peut ajouter : « L'âge, l'étude, la réflexion, lui inspireront un autre ton au sujet du christianisme. Sur ce point, le XXIVe livre de l'*Esprit des Lois* sera comme la réfutation des *Lettres*. » L'éloge pour finir vien-

41. *Ibid.*, p. 183.
42. *Ibid.*, p. 183.
43. *Ibid.*, p. 185.

238

dra pour le philosophe soucieux de l'homme :
« En revanche, il a parlé dignement dans les
Lettres et presque majestueusement, de la société humaine, du respect qu'elle mérite, malgré ses défauts ; de l'imprudence de ceux qui
l'ébranlent, au lieu de l'améliorer » [44]. Malgré
les erreurs historiques ou économiques qu'on
décèle dans les *Lettres Persanes*, elles ouvrent
une large fenêtre sur les futurs ouvrages de
l'auteur : « Ainsi s'ébauchaient, ou du moins
s'annonçaient déjà, dans les *Lettres persanes*,
les *Considérations* et plus d'une partie de l'*Esprit des Lois*, comme ce chapitre fameux sur
la constitution d'Angleterre » [45].

Gustave Lanson abonde-t-il dans le même
sens ? Après avoir parlé des sources des *Lettres
Persanes* et indiqué le sujet apparent, il peut
affirmer : « Mais ce n'est pas qu'un ornement.
L'essentiel dans le livre, ce sont les impressions
de deux Orientaux, jetés au travers de notre
civilisation. Tout les étonnera, les choquera, je
dis *tout*, sans distinction, pêle-mêle, et la confusion innée à l'esprit de l'auteur y trouvera son
compte, les plus superficielles peintures s'en-
tremêlent aux plus graves études » [46]. Il continue, en allant du moins important au plus
important : « Le superficiel, c'est la critique
des mœurs. La Bruyère était moins profond
que Molière, Lesage moins profond que La

44. *Ibid.*, p. 185.
45. *Ibid.*, p. 187.
46. *Op. cit.*, Paris, Hachette, 1952, in-8°, p. 710.

Bruyère : Montesquieu est plus loin de Lesage
que Lesage ne l'est de Molière. C'est un peintre
de mœurs charmant, délicat, ingénieux ; c'est
un maître écrivain, qui excelle à mettre en
scène, ironiquement un harem, un préjugé ;
mais son observation a la portée du *Français
à Londres* de Boissy et du *Cercle* de Poinsinet.
Montesquieu est tout juste apte à railler la
curiosité frivole des badauds parisiens, la bril-
lante banalité des conversations mondaines, à
noter que les femmes sont coquettes, et les
diverses formes de fatuité qui se rencontrent
dans le monde. Il n'y a pas ombre de pénétration psychologique dans les *Lettres persanes* » [47].

Une fois de plus le couperet semble devoir
tomber. Cependant il ne tombe pas : « Mais
elles ont des parties graves. Montesquieu a
l'habitude de se mettre tout entier dans chacun de ses livres ; il ne sait pas réserver une
partie de sa pensée. Aussi trouvera-t-on dans
ce léger pamphlet des réflexions, qui contiennent en puissance *l'Esprit des Lois*. Quand la
satire sociale se substitue à la satire des mœurs
mondaines, le ton se fait plus âpre ; Montesquieu développe, et cette fois, avec la supériorité de son génie, ce qui était seulement en
germe dans quelques parties de La Bruyère » [48].
Gustave Lanson analyse sa critique du règne de
Louis XIV, et s'il souligne l'attaque du despo-

47. *Ibid.*, p. 710.
48. *Ibid.*, p. 711.

tisme du Grand Roi, il loue le développement
de la pensée politique et sociale chez Montesquieu : « Il expose comment la monarchie dégénère en république ou en despotisme ; il
esquisse déjà sa fameuse théorie des pouvoirs
intermédiaires. Il remonte pour nous instruire,
jusqu'à l'origine des sociétés ; et, suivant sa
fantaisie, il nous développe une sorte de mythe
à la façon de Platon, qui est comme le rêve
d'une intelligence raisonnable et optimiste. Il
conte l'histoire des Troglodytes, qui se sont
détruits en s'abandonnant aux instincts naturels. Deux familles avaient échappé ; elles fondent un nouveau peuple dont la prospérité sera
assise sur les vertus domestiques et militaires,
et sur la religion » [49]. Mais ici Gustave Lanson
a la réaction que nous avons vue plus haut :
« Ce mot de religion ne doit pas nous tromper
sur la pensée de Montesquieu. Elle est pour lui
une institution comme les autres, c'est une partie de la *police*. Il est foncièrement irréligieux ;
il ne comprend pas plus le christianisme que
l'islamisme. Le principe intérieur de la religion
lui échappe comme au reste le principe de l'art
et de la poésie » [50].

Albert Sorel dans son *Montesquieu* de la collection « Les Grands Ecrivains Français » a fait
des *Lettres Persanes* une analyse où nous re-
connaissons sa pénétration et sa probité intel-

49. *Ibid.*, p. 711.
50. *Ibid.*, p. 711.

lectuelle. Après avoir caractérisé l'époque et
l'atmosphère morale, et indiqué le sujet des
Lettres Persanes en rappelant Dufresny et Chardin, Albert Soreil souligne ce qui différencie le
Voyage de Chardin et notre œuvre : « Montesquieu brode sur le canevas du voyageur, et y
brode à sa façon de parlementaire libertin » [51].
Mais il ajoute : « Montesquieu ne pousse pas
seulement Chardin au licencieux ; il le pousse au
tragique. Ses Persans ont une jalousie sombre
et inquiète. Ce sont ces faiblesses de l'ouvrage
qui en ont fait le succès » [52]. Mais Albert Sorel
préfère s'arrêter à ce qui fait partie d'un courant qui va de Saint-Evremond et de La Bruyère
à Voltaire, Beaumarchais, Stendhal et Mérimée.
En effet « Les caractères et les traits de mœurs
abondent dans les *Lettres Persanes* ». Il voit
dans les deux Persans, teintés de Gascons, des
frères [53] jumeaux : « Usbek tient la plume
quand Montesquieu fait la morale à ses contemporains ; Rica la prend lorsque Montesquieu
les raille. Et qu'il les raille finement ! » Il
reprend sa galerie de ridicules en citant les
exemples les plus caractéristiques, il juge la
sévérité que nos Persans ont pour les femmes.
Mais combien Albert Sorel est frappé par la
sévérité que Montesquieu manifeste vis-à-vis de
Louis XIV et de ses ministres. Il le montre dé-

51. *Op. cit.*, Paris, Hachette, 7ᵉ éd., p. 28.
52. *Ibid.*, p. 28.
53. *Ibid.*, p. 29.

242

nonçant les valeurs du système, les jalousies des classes privilégiées. Si nous restons à Paris, c'est que « Paris est l'image de la nation » [54]. Nos Persans sont du reste des Français « à la fois ardents à la fortune et passionnés d'égalité » [55]. Et comment ne pas louer l'épisode des Troglodytes « précurseurs de la cité de Mably et de la république de Rousseau » [56]. Frondeur, paradoxal, esprit fort en religion, tel se révèle Montesquieu à Albert Sorel. En même temps il voit l'évolution qui se fait « à mesure que la correspondance s'allonge entre les deux Persans ». Car « le roman, la convention, le colifichet oriental, le clinquant du début disparaissent peu à peu de l'ouvrage. Les aperçus de l'historien, les vues du moraliste remplacent les observations décousues et les pointes dénigrantes du satirique » [57]. Quelle perspicacité dans les « jugements sur la dissolution de l'empire turc et sur la décadence de l'Espagne » [58] !

Mais Albert Sorel apprécie particulièrement « la modération parfaite du jugement et la sagesse des vœux. La réserve du législateur tempère constamment chez Montesquieu la sévérité des opinions et la verve des utopies » [59]. Il retrouve dans les *Lettres Persanes* toute la poli-

54. *Ibid.*, p. 33.
55. *Ibid.*, p. 33.
56. *Ibid.*, p. 35.
57. *Ibid.*, p. 36.
58. *Ibid.*, p. 36.
59. *Ibid.*, p. 38.

tique de *L'Esprit des Lois* et il voit déjà toute la philosophie en citant pour terminer ces lignes : « La nature agit toujours avec lenteur, et, pour ainsi dire, avec épargne ; ses opérations ne sont jamais violentes ; jusque dans ses productions elle veut de la tempérance ; elle ne va jamais qu'avec règle et mesure ; si on la précipite, elle tombe bientôt dans la langueur » [60].

Albert Sorel, après sa monographie de *Montesquieu* parue dans la Collection des « Grands Ecrivains Français » de Hachette, a pu dans *L'Europe et la Révolution Française* mesurer la stature de Montesquieu : « Parmi les penseurs dont on suit l'impulsion, les premiers venus et les plus écoutés sont ceux qui, ne visant que des abus, se proposent de réformer l'Etat, mais nullement de le détruire. Montesquieu apparaît comme le plus profond, le plus ferme et le plus sage : il a étudié les faits, il respecte l'évidence, il soumet la raison à la nature des choses. Il montre que tout gouvernement porte en lui-même, avec sa raison d'être, ses causes de durée et de ruine. Il enseigne comment chacun peut approprier à sa condition particulière les éléments de civilisation, qui sont l'honneur et l'intérêt de tous. Il avertit les Etats du danger commun qui les menace : l'abus de leur principe. Mais sa pensée est trop supérieure à celles des politiques

---

60. *Ibid.*, p. 38.

de son temps pour qu'ils la saisissent » [61].

Le royaliste Jacques Bainville, en préfaçant les *Lettres Persanes* y voit une arme à double tranchant qui peut atteindre les temps modernes : « Le badinage vengeur change de côté. La satire se retourne contre un temps qui est le nôtre et son joli poignard n'a plus besoin de s'envelopper d'une gaine orientale. »

C'est sans doute Roger Gaillois, éditeur des Œuvres complètes de Montesquieu, qui a su le mieux lier les *Lettres Persanes* à l'ensemble de ses écrits dont la pierre fondamentale est *L'Esprit des Lois* : « L'œuvre entière annonce, commente, reprend ou complète *l'Esprit des Lois*. De cette somme, les *Considérations*, la *Monarchie Universelle*, l'*Essai sur les Causes* ne sont que des chapitres séparés. Les notes des *Voyages*, des *Pensées*, du *Spicilège* en constituent comme le fichier perpétuel. Enfin, pour donner à cet ouvrage sa pleine signification, il fallait avoir écrit d'abord les *Lettres Persanes*, c'est-à-dire avoir accompagné pour soi-même la révolution sociologique, et avoir mis les autres en condition de l'accomplir à leur tour. J'appelle ici révolution sociologique la démarche de l'esprit qui consiste à se feindre étranger à la société où l'on vit, à la regarder du dehors et comme si on la voyait pour la première fois. L'examinant alors comme on ferait d'une so-

61. *Op. cit.*, Paris, Plon Nourrit, 1885, 8 vol. in-8°, t. I, p. 100.

ciété d'Indiens ou de Papous, il faut se retenir
sans cesse d'en trouver naturels les usages et
les lois. Il s'agit d'oser considérer comme extraordinaires et difficiles à entendre ces institutions, ces habitudes, ces mœurs, auxquelles on
est si bien accoutumé dès sa naissance et qu'on
respecte si fort et si spontanément qu'on n'imagine pas la plupart du temps qu'elles pour-
raient être autrement. Il faut une puissante
imagination pour tenter une telle concession
et beaucoup de tenacité pour s'y maintenir » [62].
Roger Caillois va plus loin : « En inventant
ces Persans qui viennent à Paris, Montesquieu
force tous les Parisiens à voir leur ville et leur
vie comme ils auraient vu Ispahan et la vie
des Persans. Il y a quelque chose de si diabo-
lique et de si subversif dans cette opération
que les sociologues eux-mêmes, pour qui elle
constitue cependant une sorte de devoir d'état,
se gardent de la renouveler : on sait qu'ils sont
beaucoup plus friands d'étudier la conduite et
les suspertitions des Bantous ou des Tinkits
que celles de leurs concitoyens » [63].
Les *Lettres Persanes* acquièrent par là pour
Roger Caillois toute leur importance, elles préparent à *L'Esprit des Lois* : « S'il n'y avait
l'Esprit des Lois, il ne conviendrait d'apercevoir dans les *Lettres Persanes* qu'une satire
adroite de la société française du XVIIIᵉ siècle.

62. *Op. cit.*, Préface, p. V.
63. *Ibid.*, p. VI.

Mais il y a *l'Esprit des Lois* que Montesquieu
pourtant ne concevait pas encore quand il les
publia : et ce nouvel ouvrage les change en
une sorte d'exercice préliminaire, en un jeu qui
donne la souplesse à l'esprit et qui l'entraîne
à de plus sévères démarches » [64].

Paul Valéry à son tour a consacré une admirable préface aux *Lettres Persanes* qui a pris
place dans *Variété* [65]. Il peut déclarer d'entrée de
jeu : « Le recueil délicieux des *Lettres Persanes* jette moins dans les songes que dans les
pensées. Il est peut-être permis à des réflexions
qui ont eu Montesquieu pour prétexte, qu'elles
s'étendent un peu loin, et recherchent le fond
de sa fantaisie. Je vais divaguer sérieuse-
ment » [66]. N'est-ce pas en un sens la manière
de Montesquieu, non seulement dans les *Lettres
Persanes*, mais aussi dans *L'Esprit des Lois* ?
Paul Valéry va nous montrer comment une
société s'élève de la brutalité jusqu'à l'ordre :
« Peu à peu le *sacré*, le *juste*, le *légal*, le *décent*,
le *louable* et leurs contraires se dessinent dans
les esprits et se cristallisent. Le Temple, le
Trône, le Tribunal, la Tribune, le Théâtre, monuments de la coordination, et comme les
signaux géodésiques de l'ordre, émergent tour
à tour » [67]. Et Montesquieu donne l'occasion à
Paul Valéry, par sa fameuse phrase : *Comment*

64. *Ibid.*, p. VI.
65. *Œuvres Complètes*, Pléiade, t. I, pp. 508 sqq.
66. *Ibid.*, p. 508.
67. *Ibid.*, p. 509.

peut-on être Persan ? de formuler ces lignes,
cette constatation profonde : « Entrez chez les
gens pour déconcerter leurs idées, leur faire la
surprise d'être surpris de ce qu'ils font, de ce
qu'ils pensent et qu'ils n'ont jamais conçu différent. C'est, au moyen de l'ingénuité feinte ou
réelle, donner à ressentir toute la relativité
d'une civilisation, d'une confiance habituelle
dans l'Ordre établi... c'est aussi prophétiser le
retour à quelque désordre ; et même faire un
peu plus que le prédire » [68].

Paul Valéry en vient à considérer les *Lettres
Persanes* plus directement : « Je n'ai pas jusqu'ici parlé nommément des *Lettres Persanes* ;
je n'ai fait que supposer leur époque et comment elles se placent dans leur temps. Elles
parlent d'ailleurs assez bien d'elles-mêmes. Rien
de plus élégant ne fut écrit. Le changement de
goût, l'invention de moyens violents n'ont pas
de prise sur ce livre parfait, qui a cependant
tout à craindre d'un certain retour à l'état barbare dont il se voit beaucoup d'indices, même
littéraires » [69].

Paul Valéry, lucide, mesure la distance qui
nous sépare de Montesquieu : « Montesquieu
n'a pas entrevu les lecteurs que nous sommes.
Il n'écrit pas pour nous, qu'il ne prévoyait pas
si primitifs. Il aime l'ellipse, et, dans nombre
de ses maximes, il calcule sa phrase, la renoue

68. *Ibid.*, p. 515.
69. *Ibid.*, p. 516.

finement à elle-même, il prévoit des esprits un peu plus déliés que les nôtres ; il leur offre les plaisirs de l'intelligence élégante et leur prête ce qu'il faut pour en jouir » [70].

Pouvait-il ne pas souligner que le courage et l'indépendance de l'auteur étaient permis par l'esprit du temps : « Ce livre est incroyable de hardiesse. On admire que l'auteur pour tout ennui n'ait eu que la crainte passagère de manquer son fauteuil à l'Académie ; et ce ne fut qu'un léger nuage. Il eut la gloire, le fauteuil et une vente prodigieuse. La liberté de l'esprit était si grande, en ce temps là, que les lettres si frivoles et si célèbres ne gênèrent pas le moins du monde la carrière du président et du philosophe » [71].

Paul Valéry voit dans l'œuvre, comme un miroir où Montesquieu vient se mirer avec complaisance, un feu d'artifice qui est sa propre finalité : « Entre un Orient de fantaisie et un Paris restreint à ses facettes, instituer un commerce de lettres par quoi le sérail, les salons, les intrigues des sultanes et les caprices des danseuses, les Guèbres, le pape, les muftis, les propos de café, les rêves du harem, les constitutions imaginaires, les observations politiques s'entre-croisent, c'était donner le spectacle d'un esprit dans sa pleine vivacité, quand il n'a d'autre loi que d'étinceler, de rompre ce

70. *Ibid.*, p. 526.
71. *Ibid.*, p. 516.

qu'il vient d'être, de se montrer à soi-même sa justesse, sa vitesse et son ressort »[72]. Les *Lettres Persanes* lui apparaissent en définitive le chef-d'œuvre de l'artifice littéraire : « C'est un conte, c'est une comédie, c'est presque un drame et le sang coule ; mais il coule fort loin, et même les fureurs et les exécutions secrètes sont ici autant littéraires qu'il est souhaitable. La présence des jésuites, explicable, par ce qu'ils sont les éducateurs de cette société et celle des eunuques, plus énigmatique donnent un piment suprême aux *Lettres Persanes* »[72].

Jean Starobinski pour sa part dégage dans la lucide préface de son édition, la leçon de Montesquieu : « A travers les voix joueuses et graves de son livre, à travers l'échec d'Usbek, il nous engage à reconnaître une exigence que nous ne sommes pas près encore de satisfaire : l'accord des actes et de la pensée dans une même raison libératrice, le refus des tyrannies qui encagent les peuples et qui mutilent les individus. De la réalisation de cette exigence, nous sommes aussi éloignés que l'était Montesquieu. Il convient donc de relire attentivement les *Lettres Persanes* »[73].

C'est à Laurent Versini que nous demanderons le mot de la fin. Dans la très belle édition des *Lettres Persanes* qu'il a publiée en 1986 dans la Collection des Lettres Françaises de

---

72. *Ibid.*, p. 517.
73. *Lettres Persanes*, éd. Jean Starobinski, Paris, Gallimard, collection Folio, 1973, p. 40.

l'Imprimerie Nationale, il conclut avec pertinence sa longue et pénétrante introduction par ces lignes qui résument toute la problématique de notre texte : « " Ce mélange unique de rationalisme incisif et de luxuriance baroque " (P. Vernière) apparaît ainsi comme la première grande œuvre des Lumières françaises, qui a beaucoup plus fait pour leur diffusion qu'un Bayle trop érudit ou un Fontenelle trop prudent. Y a-t-il dans ce livre trop de philosophie pour que ce soit un roman ? Montesquieu est-il trop intelligent pour faire un roman ? Il a trouvé dans le roman épistolaire polyphonique le véhicule idéal pour une démonstration toujours valable d'objectivité et de liberté de l'esprit ; les *Lettres Persanes* ont ainsi beaucoup fait pour la promotion du genre romanesque, peu apprécié des doctes de l'époque — et pour sa proscription par les autorités inquiètes, autour de 1730 —, en montrant, comme l'écrit Jean Fabre, ce que l'on peut redouter d'un roman. »

Telle est l'image riche et variée que la critique de la postérité se forme des *Lettres Persanes*. Des jugements diffèrent. Mais on reconnaît des constantes. Il n'y a pas de condamnation véritable si l'on excepte celle de la *Biographie Universelle* de F.-X. de Feller, si bien pensante : « L'année d'auparavant, nous y dit-on de Montesquieu, il avait mis au jour ses *Lettres Persanes*, satire où les choses les plus saintes ne sont pas plus épargnées que les vices, les travers, les ridicules, les préjugés et la bizarrerie des Français » [73]. Aussi sévère, mais pour des raisons différentes, est le jugement de Victor Hugo. Cependant, tout en soulignant les hardiesses et les gamineries parfois polissonnes de Montesquieu, nos critiques ont retrouvé en général, le sérieux, la philosophie, la morale que recèlent les *Lettres Persanes*. Ils ont unanimement admiré l'épisode des Troglodytes, vu le fil continu qui relie les *Lettres Persanes* aux *Considérations* et à *L'Esprit des Lois*, et s'ils ont négligé en général *Arsace et Isménie* [74], ce récit faussement oriental où le despotisme est idéalisé, ils ont bien vu que Montesquieu allait au-delà de ses modèles et de ses sources, qu'il suivait La Bruyère plus de l'extérieur que par la démarche profonde de sa pensée et que dans sa critique d'un régime et d'une époque il était souvent plus radical que Voltaire. Le juriste et l'humaniste lettré a une portée humanitaire d'une autre qualité. L'œuvre n'est pas morte, elle reste vivante, suscitant réactions et réserves, admiration et adhésion. Elle ne peut laisser le lecteur indifférent et l'alibi persan est le piment qui fait mieux découvrir l'Homme en sa vérité.

73. *Op. cit.*, nouvelle édition revue par M. Pérennès, Paris, Gauthier Frères, 1834, 12 vol. in-8°, t. VIII, p. 466.
74. Voir Appendice page suivante.

APPENDICE

C'est en 1783 seulement que l'*Histoire Orientale* ou *Arsace et Isménie* a été publié dans les Œuvres complètes de Montesquieu par son fils. Grimm a supposé que ce récit devait prendre place dans les *Lettres Persanes* mais on ne sait à quelle date il été composé. Montesquieu, deux mois avant sa mort, en parle dans une lettre à l'abbé de Guasco du 15 décembre 1754, mais comme d'une œuvre récente, en ajoutant que cette histoire est trop éloignée de nos mœurs pour être bien accueillie. Il est vrai que Roger Caillois, sans abonder dans le sens de Grimm, la placerait dans la quatrième partie de l'*Histoire véritable*. Nous trouvons en ces pages un amour conjugal qui doit affronter d'innombrables épreuves et en arrive jusqu'au trône. Le cadre est la Bactriane. A la mort du roi Artamène, Isménie, sa fille, doit lui succéder, mais c'est Aspar, le premier eunuque, qui assume la réalité du pouvoir. Isménie a été élevée à l'étranger sous le nom d'Ardasire. C'est ainsi qu'elle a épousé Arsace, un noble Mède. Celui-ci a dû rompre pour cette union ses fiançailles avec la fille du roi des Mèdes. Les deux amants vont connaître toutes les aventures imaginables, nous voyons des enlèvements, des travestissements, des meurtres. Mais ils vont après ces épreuves se trouver souverains de la Bactriane, dont ils seront les maîtres et les despotes idéaux, offrant la meilleure image du monarque éclairé. Dans *Arsace et Isménie*, Montesquieu va au-delà du simple divertissement, du conte composé avec grâce et élégance. On ne peut comprendre le dessein d'*Arsace et Isménie* qu'en replaçant le récit dans le contexte de l'*Histoire véritable*.

BIBLIOGRAPHIE

I. BIBLIOGRAPHIE GENERALE

1. L. Dangeau (Vian), *Bibliographie des œuvres de Montesquieu*, 1874, in-8°.
2. Th. Froment, *Etude sur les Voyages et les papiers inédits de Montesquieu*. Actes de l'Académie de Bordeaux, 1898.
3. David C. Cabeen, Montesquieu, *A bibliography*, New York, The New York Public Library, 1947, in-8°.

II. EDITIONS DES ŒUVRES

1. Œuvres publiées par Richer, Amsterdam, 1758, 3 vol. in-4°, Londres, 1767.
2. Œuvres complètes, publiées par H.B. Bernard, an IV (1796), 5 vol. gr. in-4°.
3. Œuvres posthumes, an VI (1798), in-12.
4. Œuvres publiées par Ed. de Laboulaye, 1875-1879, 7 vol. in-8°.
5. Mélanges inédits de Montesquieu, publiés par le baron de Montesquieu, Bordeaux, 1892, in-4°, R. Céleste, H. Barckhausen et R. Dezeimerie.
6. *Voyages de Montesquieu*, publiés par le baron Albert de Montesquieu, Bordeaux, 1894-1896, 2 vol. in-4° (mêmes éditeurs).
7. *Pensées et fragments inédits de Montesquieu* publiés par le baron Gaston de Montesquieu. Bordeaux, 1890-1990, in-4°, 2 vol. (mêmes éditeurs), Cahiers Grasset, 1941.
8. *Histoire véritable*, par L. de Bordes de Fortage

d'après un nouveau manuscrit avec une introduction
et des notes, Bordeaux, 1902.

9. Ed. R. Caillois, Pléiade, 2 vol.
10. André Masson, Paris, Nagel, 1950, 3 tomes en 2 vol.
11. *Correspondance de Montesquieu*, publiée par Gehe-
    lin et Morize, 1914.
12. H. Labaste et R. Nicole, *Montesquieu - Œuvres
    choisies*, Hatier, Coll. Charles-Marie Desgranges,
    1949, 1 vol. in-8°.
13. René Pomeau, « Montesquieu, correspondance iné-
    dite », *Revue d'Histoire littéraire de la France*, mars-
    avril 1982, pp. 179-262.

Etudes

1. Vian, *Histoire de Montesquieu*, 1878, in-8°.
2. R. Céleste, *Montesquieu, Légende - Histoire*, La Correspondance historique et archéologique du Sud-
   Ouest, 1908, in-4°.
3. Albert Sorel, *Montesquieu*, 1887, Hachette.
4. B. Barckhausen, *Montesquieu, ses idées et ses Œuvres*, d'après les papiers de la Brède, 1907, in-16.
5. E. Faguet, *XVIIIe siècle, Politique comparée de Montesquieu, Voltaire et J.-J. Rousseau*.
6. Sainte-Beuve, *Causeries* et *Portraits*.
7. R. von Auerbach, *Montesquieu et son influence
   sur le mouvement intellectuel du XVIIIe siècle*, 1876.
8. E. Caro, *Montesquieu d'après une publication nouvelle*. Travaux de l'Académie des Sciences Morales
   et Politiques, 1878.
9. F. Brunetière, *Montesquieu : Etudes critiques*, t. IV.
10. J. Dedieu, *Montesquieu*, 1913 ;
    — *Montesquieu, l'homme et l'œuvre*, Boivin, 1943.
11. *Montesquieu*, von Dr Victor Klemperer, Heidel-
    berg, 1914-1915.
12. A. Laborde Milaa, « La sensibilité de Montesquieu »,
    Revue et Etudes historiques, 1908.
13. Emile Durkheim, *Quid Secundatus politicae scien-
    tiac contulerit* (thèse latine).
14. J. Carayon, *Essai sur les rapports du pouvoir poli-*

257

tique et du sentiment religieux chez Montesquieu, 1903, in-8°.

15. Edward Pr Dargan, *The esthetic doctrine of Montesquieu ; its application in his writings*. Baltimore, 1907, in-8°.

16. Walter Struck, *Montesquieu als Politiker*. Berlin, 1933.

17. C. de la Traille, *Les idées économiques et financières de Montesquieu*. Lolainville, 1940.

18. Victor Giraud, *Moralistes français*. Paris, Hachette, in-8°, 1923.

19. G. Lanson, *Montesquieu*. Paris, Alcan, 1933, in-16, 208 p. (coll. des Réformateurs sociaux, dirigée par C. Bouglé).

20. E. Carcassone, *Montesquieu et le problème de la Constitution française au XVIIIᵉ siècle*. Paris, Presses Universitaires, 1926, in-8°, XVI, 736 p., Th. Paris, 1926-7.

21. G. Lanson, *Etudes d'histoire littéraire* réunies et p. par ses collègues, ses élèves et ses amis. Paris, Champion, 1930 (article intitulé : « Le déterminisme historique et l'idéalisme social dans *l'Esprit des lois* », pp. 135-163).

22. E. Bréhier, *Histoire de la philosophie moderne*, t. II, pp. 373-381.

23. Paul Hazard, *La crise de la Conscience Européenne*. Paris, Boivin, 3 vol. in-8°.

24. Paul Hazard, *La pensée européenne au XVIIIᵉ siècle de Montesquieu à Lessing*. Paris, Boivin, 2 vol. in-8°.

25. Robert Shackleton, *Montesquieu, a critical biography*, Oxford, 1961, in-8°.

26. Paul Vernière, *Montesquieu et l'Esprit des Lois ou la Raison impure*. Paris, SEDES, 1977, in-8°.

27. Beyer, *Nature et Valeur dans la Philosophie de Montesquieu*. Paris, Klincksieck, in-8°.

28. Simone Goyard-Fabre, *La Philosophie du Droit de Montesquieu*. Paris, Klincksieck, in-8°.

29. Actes du Congrès Montesquieu, réuni à Bordeaux du 23 au 26 mai 1955. Bordeaux, 1956, in-8°.

258

Editions des Lettres Persanes

1. *Lettres Persanes,* Cologne, P. Marteau, 1721, 2 vol. in-12 (150 lettres).
2. Edition avec supplément (11 lettres nouvelles et quelques réflexions), Paris, 1754.
3. *Lettres Persanes* éd. par Richer (161 lettres avec corrections tirées des papiers de l'auteur), Amsterdam et Paris, 1758.
4. Ed. publiée par Barckhausen (160 lettres dont le texte a été préparé par Montesquieu), 1897, in-folio.
5. Edition par le même, 2 vol., Société des Textes français modernes, 1913, 2e tirage ; 2 vol. in-12, 1932, Droz.
6. *Id.,* d'après les manuscrits du Château de la Brède, Paris, Horizons de France, 1929, 2 vol. in-16.
7. *Id.,* texte établi et présenté par E. Carcassone, Belles Lettres, 1929, 2 vol. in-8°.
8. *Œuvres complètes,* éd. Roger Caillois, La Pléiade.
9. *Lettres Persanes,* Ed. Jean Starobinski, Paris, Gallimard, Folio, 1973, Ed. Antoine Adam, Genève-Lille, Droz-Giard, 1954, et Ed. Paul Vernière, Paris, Garnier, 1960.
10. *Lettres Persanes,* édition Laurent Versini, Imprimerie Nationale, 1986, in-4°.

Etudes sur les Lettres Persanes

1. W. Marcus, *Die Darstellung der französischen Zustände in Montesquieu's Lettres Persanes,* Breslau, 1902, in-8°.
2. G. Perucca, *Montesquieu e le sue Lettres Persanes,* Studio, Cagliari e sas sarri, 1906, in-16.
3. Marie-Louise Dufrenoy, *L'Orient Romanesque en France, 1704-1789,* Editions Beauchemin, Montréal, 1946, 1 vol. in-8°.
4. F.C. Green, *Montesquieu the novelist and some imitations of the Lettres persanes,* Modern Language Review, 1925, pp. 32-42.
5. G. Van Roosbrok, « Persian Letters before Mon-

tesquieu », *Modern Language Review*, oct. 1925, pp. 432-442.

6. M. Brimont, « *L'Espion turc* et les *Lettres persanes* » (*Figaro*, 1er octobre 1927).

7. J. Place, « La seconde édition originale des *Lettres persanes* », *Chronique des Lettres françaises*, janvier-février 1928.

8. U.-V. Chatelain, « Montesquieu moraliste dans les *Lettres persanes* », Paris, 1931, *Cahiers des études littéraires françaises*.

9. André Masson « Un Chinois inspirateur des *Lettres Persanes* », *La Revue des Deux Mondes*, 15 mai 1951.

10. Ronald Grimsley, *The idea of nature in the Lettres Persanes*, French studies October 1951.

11. Miss M., Doods The Persian Background of the *Lettres persanes* », *Durham University Journal*, mars et juin 1935.

12. P. Barrière, « Les Eléments personnels et les éléments bordelais dans les *Lettres Persanes* », R.H.L.F., janvier-mars 1951, pp. 17-36.

13. Pauline Kra, *Religion in Montesquieu's Lettres Persanes*, Genève, Institut et Musée Voltaire, 1970, in-8°.

14. A.S. Crisafulli, *Montesquieu's story of the Troglodytes ; its background, meaning and significance*, P.M.L.A., 1943, 58, pp. 372-392.

Les sources des Lettres Persanes
et études particulières
(voir aussi les notes des chapitres IV et V)

1. Marana et Cotolendi, *L'Espion du Grand Seigneur*, 1684, 1686, 6 vol. in-12, 1756, 9 vol. in 12.

2. Belton Corney, « On the Authorship of the Turkish spy », *Gentleman's magazine*, 1841.

3. Toldo, *Dell' ospione id G. B. Marana et delle suc attinenze con le Lettres Persanes di Montesquieu*, Giornale storico della Litteratura Italiana, 1887.

4. Dufresny, *Amusements sérieux et comiques*, 1707.

5. *Journal des Voyages du Chevalier Chardin en Perse et aux Indes orientales*, Londres, 1711, 10 vol. in-12.
6. Tavernier, *Voyages en Orient*, Amsterdam, 1679, 3 vol in-8°.
7. M. Herbette, *Une ambassade persane sous Louis XIV d'après des documents inédits*, 1907, in-8°.
8. Ricaut, *Histoire de l'Empire Ottoman*, La Haye, 1709, 6 vol. in-12.

TABLE DES MATIERES

I. Montesquieu avant les *Lettres Persanes* 5

II. L'orientalisme avant les *Lettres Persanes* 9

III. La publication des *Lettres Persanes* et l'accueil du public 29

IV. Les sources littéraires des *Lettres Persanes* : l'Orient 47

V. Les sources littéraires : la documentation et les modèles pour l'Europe et la France 67

VI. Les sources vivantes des *Lettres Persanes* : l'Histoire et l'Actualité dans le roman 87

VII. Promenade à travers les *Lettres Persanes* : structure romanesque et structure polémique 95

VIII. L'orientalisme des *Lettres Persanes* 121

IX. Rica et Usbek 133

X. Les femmes orientales 149

XI. Le cosmopolitisme des *Lettres Persanes* 167

XII. Montesquieu critiques des mœurs.. 185

XIII. Les idées religieuses de Montesquieu 195

XIV. La forme en ses métamorphoses .. 209

XV. Conclusion : les *Lettres Persanes* devant la critique littéraire 215

Appendice 252

Bibliographie 255

TABLE DES MATIÈRES

I. Montesquieu avant les *Lettres per-
   sanes* 5

II. L'encyclisme avant les *Lettres Persanes* 9

III. La publication des *Lettres persanes*
   et l'accueil du public 19

IV. Les sources littéraires des *Lettres
   persanes*. L'Orient 31

V. Les sources littéraires : la documentation et les modèles pour l'Europe
   et la France 47

VI. Les sources d'intérêt des *Lettres persanes*. L'Histoire et l'Actualité dans
   le roman par lettres ....

VII. Structure des *Lettres Persanes* : structure romanesque et
   structure polémique 59

VIII. L'organisation des *Lettres Persanes*. Le
   Ton, Rire et l' Idée 87

IX. Les personnages ....

X. Les personnalités ....

XI. Le genre polémique des *Lettres Persanes* ....

XII. Montesquieu Philosophe Réformateur 189

XIII. Les idées religieuses de Montesquieu 195

XIV. La nature et la métamorphose ... 209

Appendice ....

Bibliographie 255

Composition Achevé : TD Impression : 5 300 exemplaires
Imprimé en ....
Dépôt légal : avril 1978
Imprimé en France

Composition Nord-Lino, 29, rue Sadi-Carnot, 93300 Aubervilliers
Imprimé par Corlet, Imprimeur, S.A. — 14110 Condé-sur-Noireau
N° d'Éditeur : 1188 — N° d'imprimeur : 3268
Dépôt légal : janvier 1988

Imprimé en France

125

c